神田昌典
Masanori Kanda

The Mythological Management

神話のマネジメント

フォレスト出版

――混沌の中から新しい世界を創るマネジメントへようこそ――

あらかじめ警告しておくが、この本を読んだところで、一般的なマネジメント書が描くように、安定的な組織が創れるようにはなるわけではない。
もし私にそのような能力があったなら、とっくの昔にリタイアしていただろう。
正直、著者自身が、事業の行方に、日々希望と失望を繰り返し、予想を超えた変化につぐ変化に、絶えず組織を発展させながら、いまだビジネスと本気で格闘している。

だからもし、あなたが安定的な機械仕掛けのように動く組織を創りたいなら、ほかのマネジメント書を読むことを、お勧めする。

あなたもよくご存じの通り、きれいなビジネスモデルを創ったところで、それを動かす現場は泥沼に足を突っ込んでいる。その泥の中でもがきながら、自らの王国を築く新しい土地を探し求め、それを見いだした時には、何事もなかったように白のタキシードスーツにエナメルシューズで、颯《さっ》爽《そう》と歩いていく。
そんな奇跡を可能にするのが、本書ノウハウである。

ビジネスを管理するのが「表《おもて》のマネジメント」であれば、本書内容は「裏のマネジメント」。昼間のミーティングでは、けっしてプロジェクターで映し出されることはないが――事業を成長させていくうえで避けては通れない、本質的な出来事の意味を解き明かしていく。

●なぜ、売上8億円の会社が10億円を目指すと、会社に問題が勃発《ぼっぱつ》し、6億円に逆戻りするのか？

●なぜ、事業が成長し始める前に、人間関係の衝突が起こるのか？

●どういうタイミングで横領、分裂、さらには不倫、暴力団がらみの問題が起こりやすいのか？

●なぜ、神話の登場人物を理解することにより、誰もが幸福になれる組織を創れるのか？

こうした「裏のマネジメント」に精通することで、あなたは今までとは異なるレベルで活躍する、ビジネスリーダーへと確実に進化する。

一般的にマネジメントスキルと言えば、仕事の現場から混乱をなくし、予想できる日常を創るためのスキルだ。

しかし、考えてみよう。

仕事場から混乱をいっさいなくしていくことに、もしあなたが本当に長けていったのなら、同時に失うものも大きい。

●不信感を突きつけられるからこそ、証明できるようになる自分の才能。

●不安定の中で問いかけ続けるからこそ、見いだせる新しい市場ニーズ。

●理不尽の中で葛藤するからこそ、鍛えられる精神的タフネス。

●周りを批判できる環境だからこそ、守られている自分の安定性。

このように混乱をなくすことで、生じるデメリットを考えたとたんに、混乱がもたらす本質的なメリットに気づき出す。混乱の中に身を置くからこそ、あなたはリーダーとして大きく成長できる機会を手にしているのだ。

言い換えれば、何も起こらない順風満帆の組織の中に身を置くのもいいけれど、新しい時代を創るリーダーになっていくためには、混乱を経験できる理不尽な環境に身を置くことが大切だっていうことで、そういうリーダーを育成していくためには、あえて混沌の中に突っ込んでいくような向こう見ずさが、実は大切だっていうことだ。

こうして開き直ってみると、今あなたにとって必要なのは、予想できる日常を創り出す「安定のマネジメント」ではなく、予想できない非日常（ドラマ）の中で、時代を率いるリーダーを育成していくマネジメント――つまり「神話のマネジメント」だと、考えられないだろうか?

「神話のマネジメント」について理解を深めると、あなたは同時に、一瞬にして豊かになる術を知る。なぜなら、ビジネスリーダーは、周りを魅了するストーリーを語ることで、同時に富を生み出せる存在であるからである。

ここは重要なポイントなので、声に出して読んでみてほしい。

「富とは、
努力や労働時間が創り出すものではなく、
ストーリーを描き出した瞬間に、出現するものである」

この結論には、直感的には違和感を覚えるかもしれない。

ストーリーを描いただけではダメで、想像をカタチにするまでの努力が必要だろうと考えるのが、今までの教育だからだ。

ところが、私の観察によれば、

「ストーリーの創出」と「富の出現」は、イコールなのだ。

話が飛ぶように思えるかもしれないが——この結論にたどり着いた、私の株価に関する研究を簡単に紹介しよう。

本書235ページに解説されているノウハウに「春夏秋冬理論」がある。分かりやすく言うと運気を予想するバイオリズムのようなものだ。

この枠組みを使って人々の動きを見ると、心の底で無意識に描いているストーリーが浮び上がるので、偶然のように起こる現実の出来事の意味が見事に分かるようになる。

昨年末のこと——私はオーナー系上場企業の株価と、経営者の運気との関係性を調べてみたのだが、ここで、あなたに質問だ。

株価が高くなるのは、経営者の運気サイクルを春夏秋冬の四季でたとえると、いったいどの季節になると思われるだろうか？

それはエネルギーが充実している「夏」の季節だろうか？

それとも収穫を刈り取る「秋」の季節だろうか？

直感的には、勢いのいい「夏」と思われるかもしれない。

しかし結果は……、限定的な分析であるものの、経営者の運気が「冬」の時に、株価はピークをつけること多いと分かったのである。

「春夏秋冬理論」によれば、「冬」の季節とは、新しいビジョンを描くのに最適な時期。澄み切った空気の中で、遠くまでゴールを見通した時期に――それがカタチになっていないにもかかわらず、株価は上がる。つまり未来へと向かう神話を紡ぎ始めたとたん、富が出現している。

新しい神話《ストーリー》は、今までの認識を見直すことで、そこに新しい発見があり、新しい言葉を生む。さらには、そこに新しい人が集い、新しい才能が芽生え、新しい現実が創造される。このように新しい富を創造する鍵は、神話づくりにある。

神話とは、過去を描く物語ではなく、

新しい世界を生み出すための、最高のテクノロジーなのだ。

今こそ、大勢のヒーローたちが舞台に立てるような、数々の神話の誕生が待ち望まれている。

だから本書は、神話づくりの担い手となるための、そして、さらには、その担い手を育てるための実践書として、これから新しい世界を創っていくあなたに捧げたい。

その道のりは、けっして平坦な、楽な道のりではないと警告しておく。

しかしながら、それは同時に、最高にワクワクする、価値ある道のりである。

旅は道連れだから、楽しい。

こうして本を通じて、読者のあなたと新しい世界を創れることに、心から感謝している。

神田昌典

追伸、最後にひと言。

本書『神話のマネジメント』をもって、私が１９９８年から２００４年にかけて、クライアント向けに書いた原稿をまとめた3部作は完了となる。今までの『不変のマーケティング』『禁断のセールスコピーライティング』と合わせ、ビジネスを通じて社会を変革するプロセスについて共有してきたが、本シリーズを読んで面白いと思っていただいた方は、10年以上も前の過去の私ではなく、現在の私と、未来を創り始めていただきたいと切実に思う。

なぜなら10年前の私は、２０１４年の現在を見通して実践していたように、現在の私は、10年先の未来を見通して、まさに今、実践中だからである。

過去の2作品と同様、おそらく本書についても、読者限定の音声解説を、これから収録することになるだろう。

だから本書を読み終わったら、ぜひ、そちらも聞いてくれ。

そろそろ過去ではなく、未来に向かう神話を、共に語ろうじゃないか。

※編集部注：音声解説とは、弊社が行ったプレゼントキャンペーン。

神話のマネジメント——目次

第1章　アクセルを踏み続けると、必ず急カーブがやってくる

第2章　成長には「落とし穴」も付き物

第3章　組織が安定的に成長するために

第4章　ビジネスのライフサイクルを考える

第5章　あなた自身のライフサイクルを知る

第6章　人生をマネジメントする成功法則

神田昌典・最後のニュースレター

編集協力　中西謡
本文デザイン＆ＤＴＰ　新藤昇
図版　システムタンク（野中賢）

本書は、１９９８〜２００４年の間に毎月発行された、顧客獲得実践会（のちにダントツ企業実践会）向けの全ニュースレターの中から、著者・編集部により厳選したトピックを掲載しています。

時系列はランダムであり、また文章も原則的に当時の著者の表現のままとしております。２０１４年現在からみれば、事例的に古いものも見受けられますが、選ばれた内容はもちろん、現在でも効果絶大の、〝神話〟づくりのマネジメントノウハウです。

これらの点をご賢察いただき、当時の著者及び実践会の〝未来へと続く試み〟をお感じいただければ幸いです。

第1章

アクセルを踏み続けると、必ず急カーブがやってくる

神田昌典が1998年より主宰した「顧客獲得実践会」は、2003年に名称を「ダントツ企業実践会」と改める。「顧客を獲得すること」=「儲けること」のみを目的とし、数々のダイレクト・マーケティング手法の実践で多くの会員企業の業績アップを実現させた神田昌典が「儲けの先」に見たものとは……。

●アクセルを踏み続ける会社に潜む3つの危険性

ゼロから事業を創る。そのためには、**ズバリ「顧客を獲得すること」「儲けること」**が重要だ。ところが4年が経ち、ある程度の顧客数を獲得し、利益が上がってくると、当初は見えなかったものが見えてきて、達成感とともに、それだけでは十分でないことが分かってくる。今さら、なんでそんな当たり前のことを言うのか、とお思いになるかもしれない。しかし、恥ずかしながら、これは体験しないと実感できないものなのです。

儲けるだけでは十分でない……。

それには3つの大きな理由がある。

アクセルを踏むタイミングでないにもかかわらず、売上を追い求め続けると……、

1. 組織に亀裂《きれつ》が生じる。

2. 気づいた時には現金がなくなっている。

3. 収入はどんどん増える。でも家族の心はバラバラ。

要するに、単にお金を儲けることは、簡単。しかし、それだけを追求していると反動が起こるのだ。反動が例外的に起こるのであればいいのだが、起こらないことが例外なのですよ、現実は。

そこで、「儲けの追求」だけでは、どんなことが犠牲《ぎせい》になるのか、それぞれ順番に解説してみましょう。

●危険性1　営業を強化したばかりに、組織に亀裂が生じる

経営者は、売上を伸ばすことに真剣。会社を大きくすることで、自分の価値が高まると考えている。毎年、増収増益とならないと不安になる。そう、売上中毒になっているのだ。

ところが……タイミングによっては売上を上げると、会社の状況が悪化する時もある。

例を挙げよう。

ある方から、相談を受けた。

「会社のパンフレットを顧客獲得実践会風※に変えたところ、お客からの評判が良くないんです」

顧客獲得実践会：1998年から神田昌典が主宰した「顧客獲得実践会」（本文でも触れるが、のちに「ダントツ企業実践会」に改名）。ダイレクト・レスポンス・マーケティングを実践する組織として日本最大級の規模を誇り、約4000社・２万人もの経営者が参加。この活動に多数の起業家、ビジネスリーダーが影響を受けた。

これまで高級感を打ち出すためイメージ写真中心だったこの会社のパンフレットが、文字中心になったので、今まで馴れ親しんできた顧客から不満が出ているという。

この問題を解決するために、お客の購買意欲を高めつつも、イメージを高く保つことも当然、可能。

しかし私は、どうも文章を直す以外に、もっと深い問題があると感じた。そこで、さらに聞いてみた。

「お客からの評判がよくないと、どうして分かったのですか？」

「**社員が**そのように言っています」

ここで、おかしなことがある、と気づく。

〝社員が〟「お客からの不満が多くなっている」と言っている……ということだ。

お客があなたの会社のDMを見て、「今までと違って、イメージが悪い」とわざわざ電話をかけてくることは、ほとんどないはず。なぜなら、たいていの会社のパンフレットは〝見られていない〟からだ。

にもかかわらず、お客からの評判が良くない……ということは、何を意味するのだろうか？

想像できる答えは、次の通りですね。

①本当にクレームが増えている。ということは、今までのイメージ戦略がきわめてうまくいっている（小規模の会社では考えにくい。なぜならイメージ戦略は、顧客を獲得するうえで効率が悪い。そもそも会社が立ち上がっていないはず）。

②今までも似たようなクレームは受け取っていたのだが、社員は気づかなかった。今回の変更について、実は、顧客よりも社員が敏感になっている。

可能性が高いのは②のほう。社員自身がクレームに敏感になっている。

つまり、**お客の声を借りて、社員が経営者に不満をぶつけている**ということだ（これは社員も無意識に行います）。

そこで、私はもう一度、聞いてみた。

「社員さん、夜遅くまで仕事をしていませんか？」

「ええ。毎日夜11時ぐらいまで、仕事してます」

「きっと、それが原因です」

「？？？」

「社員さんが、**無意識の悲鳴を上げている**んですよ。『もう私たち、精いっぱい。これ以上、新しいことを始めないで』って」

この会社は、実際にかなりの利益を上げている会社だった。ところが、また社長が新しいことをやろうとしていた。**混沌中毒症**だ。この段階では、マーケティングではなく、マネジメントが会社にとっての優先課題になる。でないと、会社が次の段階に成長できないからだ。

この悲鳴に気づかず、さらにマーケティングを推進して、売上アップを加速化するとどうなるか？

組織が崩壊するのは、時間の問題。

社員が遅刻がちになることから始まり、さらに悪化すると、社員が病気で倒れる。社長が出張に行って帰って来たらクーデターが起こり、社員がごそっといなくなっていた、なんてことも考えられる。事故、詐欺、横領が起こるのも、反社会的勢力が絡んでくるのも、この時期。

経営者が〝事業のスピード出し過ぎ〟にブレーキを踏めないと、予想もしない不幸によって、無理矢理ブレーキが踏まれることになる。

「へぇー。そうなの。私には関係ないや」

そう思う？　そう思っている人ほど、この罠《わな》にはまります。

注意1秒、ケガ一生。社長は急に止まれない……。

●危険性2　売上は急に増えている。なのに、気づいた時には銀行口座にカネがない！

実践会メソッドを勉強していただいた結果、売上はどんどん上がり、急成長。

ところが、ある日突然、経理から連絡がくる。

「今月末の現金が足りません」

「そんなはずがないだろう。売上は上がっているはずだろう？」

顔はまっ青。実際に預金通帳を見ると、本当に現金がない。このままでは支払いができない。

何とか個人預金を切り崩し、応急措置。

「分かった。売上を上げればいいんだな。売りゃあいいんだ、売りゃあ！」

そこで次月からは、社長自らが陣頭指揮を取って営業を開始。

そう、今までこの方法で危機を乗り越えてきたんだ。だから、うまくいくはず。

その結果は……。

「どうだ、今月の決算は？」

「売上は上がりました。でも……」

「でも……何だ？」

「赤字が、倍以上になっています」


これもまた、よくあるケース。

要するに、経営管理がズサンなために、**売れば売るほど**経費がかさみ、**赤字が拡大**する仕組みになっているわけだ。

とくに、**営業センスのいい社長ほど、この罠にはまる**。営業センスがいいから、事業の立ち上げ時には素晴らしい業績を残してきた。しかし、組織が拡大すると、それ以上に管理が大事になってくる。

ところが、営業センスのいい社長ほど、管理が大嫌いなもの。水と油。コブラとマングースの関係。だから、管理社員が居つかない。

また、営業センスのいい社長は、金を稼ぐのはうまいけど、使うのは苦手。

どう運用していいのか分からない。**稼ぐのに忙しくて、運用するヒマがない**のだ。

その結果、**稼いだ金は、普通預金口座**に置かれている。いつ銀行が破たんするか分からないと噂されるような状況下でも、普通預金。

さらに税金についてもまったく無知であり、1年目から多額の利益を上げてもみんな税金で持っていかれて、手元には何も残らなかった。

……そういう笑えない話が、そこら中にいっぱいある。

営業は好きでも、お金に疎《うと》い経営者……これは本当によくある起業家の症状。

●危険性3　収入はどんどん増える。でも家族の心はバラバラ

自分だけは違うと、信じたいですよね……。

でも、何千社もの社長と話してくると、経営者の人生には驚くほど同一のパターンが表れるのが事実。

典型的には、売上が上がり始めると、**夫婦関係に亀裂**が入ります。今まで良好だった夫婦関係が、成功することによってギクシャクしてくるのだ。

夫の側は、事業がうまくいき始めたのだから、妻も喜んでくれるはずだと思う。

でもそれは、テレビドラマで演じられる幻想。

事業がうまくいき始めると、逆に妻は批判的、否定的になることが多いのだ。

妻は、夫ががんばっていることを理性では理解できる。しかし、心の中では「自分だけが犠牲になっている」という否定的な感情を抑えられなくなってくる。


どうでしょう?

あなたが実践会に熱中すればするほど、そして、結果を出せば出すほど、奥さんはネガティブに傾いてきませんか?

どきーん。

言い当てられたような感じでしょう。

夫婦関係の悪化。それは気づかないうちに起こり始める。そして、それは必ず子どもの心身にも大きな影響を与える。

実例を挙げてみよう。

・奥さんが不満を抱えたまま。夫はその不満に麻痺《まひ》し、よそよそしい関係が日常に。

・男性の経営者の場合は愛人問題。女性の経営者の場合は離婚問題。
・子どもとの会話がなくなる。子どもが暴力を振るう。子どもが非行に走る。
・子どもが非行に走らない場合、逆に引っ込み思案、ひきこもり等に。
・今までおとなしかった子どもが、思春期になったとたん、問題児に。
・創業社長がわがまま、自分勝手で、誰の意見も聞かない。
・2代目社長が依存体質で、いつまで経《た》っても独立できない。

成功を目指すあなたに水を差すわけではないが、このような問題が、普通に起こる。なぜ起こるかについては、心理学的に多くのことが分かっている。このような事実がありながら、ほとんど話題にされることがない。誰もが成功にあこがれるが、それは先の部分で、「成功」のほんの一面でしかないのだ。

先日、日本を代表する「超優良企業」の社長のインタビューが主要経済誌に掲載されていた。

そこに書かれていたことをご紹介しよう。

その社長はインタビューで「社長は現状に満足してはならない。常に前進」と自戒しながら、最後に家庭のことについて、次のように語っていた。

「正直、**家のことは全部、家内にまかせて**きました。家内とは、数年後に2人で散策できれば、幸せな人生だったなと言えると思います」

これが美談として扱われている！

このエピソードを聞けば、夫婦関係がほぼ分かる。

夫だけが、自分はいい夫だと思い込んでいる。妻は自分を押し殺して生きてきた。

熟年離婚の典型的パターン。

もしくは冷え切った関係を、体裁を繕《つくろ》いながら続けるしかない夫婦像がある。

●顧客獲得から、ダントツ企業へ

経営と家庭。難しい舵《かじ》取りである。

一般的な経営コンサルタントには、この領域まで求められることはない。収益を良くできれば、それで十分感謝されるだろう。

でも私は、この問題を避けては通れない。なぜなら、私自身、多くの経営者と接したことにより、先ほどのような問題が起こるという現実が分かっているから。だから、あなたが聞きたくないことであっても、言わないわけにはいかないのです。

前に進めば崖がある、ってことを知っていて、あなた、友だちに黙っておくことはできますか？

私は顧客獲得実践会を、ズバリ「儲けること」を目的として運営してきた。その結果、顧客獲得だけに特化した情報を出し続けてきた。

ところが、５年やって分かったのは、**顧客獲得だけの情報ではバランスが取れていない**ということだ。それだけじゃ、企業が〝ダントツ〟になることはできないのです。それだけじゃ、経営者として幸福になれないのです。

儲かったとしても、寂しい成功者になるわけにはいかない。

私は、顧客獲得に関する情報だけではなく、マネジメント、組織、財務、家庭のバランス等、幸福な経営者になるために必要な情報を共有していく必要があると考える。

そこで……。

６年目に突入したニュースレターの名称を、今月から「ダントツ企業実践ニュースレター」に名称変更します。

そして、来月からは、「顧客獲得実践会」という名称も「ダントツ企業実践会」に変更したいと考えています。

もちろん、顧客獲得の情報は重要なので、今まで通り継続。今後は、さらに経営者に必要なプラスアルファの情報を強化していきたいと思います。具体的には、幸福な経営者になるためのマネジメント法を、徐々に解説していく意向です。


「幸福な経営者になるための、マネジメント法？　いったい、俺にどんな得があるんかいな。俺は今1人で会社やってるんだから、マネジメントの知識なんかいらないぞ」

「マーケティングは売上に直結するから面白い。でも、マネジメントって、何の役に立つの？」

そう思う人もいるだろう。

たしかに、書店にあふれるマネジメント書を読んでも、中小企業に参考になることはほとんど書かれていない。

しかし、私がこれから説明するマネジメント法は、我慢してでも勉強しておくと、あとで必ず報われる画期的な内容。会社が小さいうちから学んでおかなければならない必須科目だ。

なぜなら、マネジメントとは、**育児と同じ**だからである。

「いやぁ〜、うちの子どもはまだ小さいから、思春期になって、家の中でバットを振り回すようになったら、父親の役割を果たせばいいよ」

あなたは、こんなことを言うだろうか？

これじゃあ、遅いのだ。子どもの躾《しつけ》はいつからやらなくちゃいけないか？

そう、生まれた時からである。

マネジメントも同じ。会社も創業した時から、小さな規模のうちから、マネジメントの知識を持つ必要がある。

でも、ほとんどの会社は、子どもが思春期になるまで待っている。社員が反乱するまで、ね。

いったい、私が開発したマネジメント論を学ぶとどうなるのか？

ズバリ、複数の会社（もしくはプロジェクト）が同時運営できるようになる。その結果、あなたはまず、会社へ出勤する日数が少なくなる。さらにご希望であれば、**ほぼリタイアすることも可能**。

「なんだ、そんなことだったら、うちの会社はもう右腕が育っているから、すでに実現できているよ」

はい。そのように今までがんばって社員を育ててきた社長もいらっしゃるだろう。細かく指示し、飲みニケーションを図り、多大な時間を使ってきたことだろう。とても立派なことです。

その経営手腕を、より優れたものにする方法があるのだ。すると、あなたの右腕が独立しても、他社に引き抜かれても、事故に遭っても、大丈夫。

また、ゼロから部下を育てる必要がなくなるのである。

これからお話しするマネジメント法は、今まで経営学で言われていたマネジメント論とは異次元のものだ。人の動きが予測でき、問題が起こるタイミングが予測できる。だから事前に、問題が先取りできるようになり、人を育てるシステムが会社の中に定着していく。

そして、そのマネジメント哲学が、経営者の家庭のみならず、社員の家庭にも大きな影響力を持つことになる。経営者が自らのマネジメント法を変えることにより、社会全体が変わってくる仕組みを共有していく。経営者、社員、そしてすべての家庭が幸せになる仕組みが、会社を成長させることと同時に、実現可能になる。

それを実現していくためには、経営者としての哲学が重要だ。

……小難しく聞こえますよね。

「金持ちになることだけをまず考え、次に心の問題を考えればいいと『非常識な成功法則』（フォレスト出版刊）に書いてありましたよ。言っていることが違うじゃないか！」

っていう声が聞こえてきそうだ。

たしかに、以前とは言っていることが違う。それは認めます。『非常識な成功法則』に書かれているやり方で、私は短期間で成功することができたが、同時に痛い思いもしている。今は、その痛い思いを少しでも軽くできる方法が分かってきたのだ。

その方法を、これから非常識な成功を実現していくあなたには、伝えておいたほうがいいと思うのですが、いかがでしょうか？

●最短距離で、家庭も会社も幸せな経営者になるためには？

ちょっとこの辺りで「顧客獲得実践会」の今までの歩みを図表にまとめてみよう（37ページ上図参照）。

縦軸に「短期」と「長期」。横軸に「効果」と「幸福」を設定して考えてみる。

当初、顧客獲得実践会は、短期で効果的なこと……つまり「短期間で売上を上げること」に注力してきた。これは戦術の部分。チラシ、DM表現やセールスがうまくなることにより、短期的に収入がアップする。それは短期的な幸福も同時に得られることになる。

でも、戦術がうまくなっても〝上りのエスカレーター〟に乗っていなければ、長期的には下がってしまう。そこで、上りのエスカレーターに乗るために圧倒的な戦略の構築法をアウトプットしてきました。それが「60分間・企業ダントツ化プロジェクト」だ。

その結果、②の部分、すなわち長期的な効果を上げられるところまで実現できるようになってきたわけだ。

……と、ここまでやってきても、まだ未知の部分は残っていた。つまり、長期的な幸福を実現していくことが残されていたのだ。これからは③の部分を埋めていく。

次ページ下の図は、『非常識な成功法則』で紹介している「まずは金儲けに集中し、そのあとに、心を高めるのが成功への最短距離」という話。でもね、お金儲けに集中しながらも、**その背景に、心に関する知識を入れておいてほしい**のである。

なぜなら、何も知らないと、富を持てば持つほど、ダークサイドに落ちやすくなっていくからね。

短長期的な効果と幸福の関係

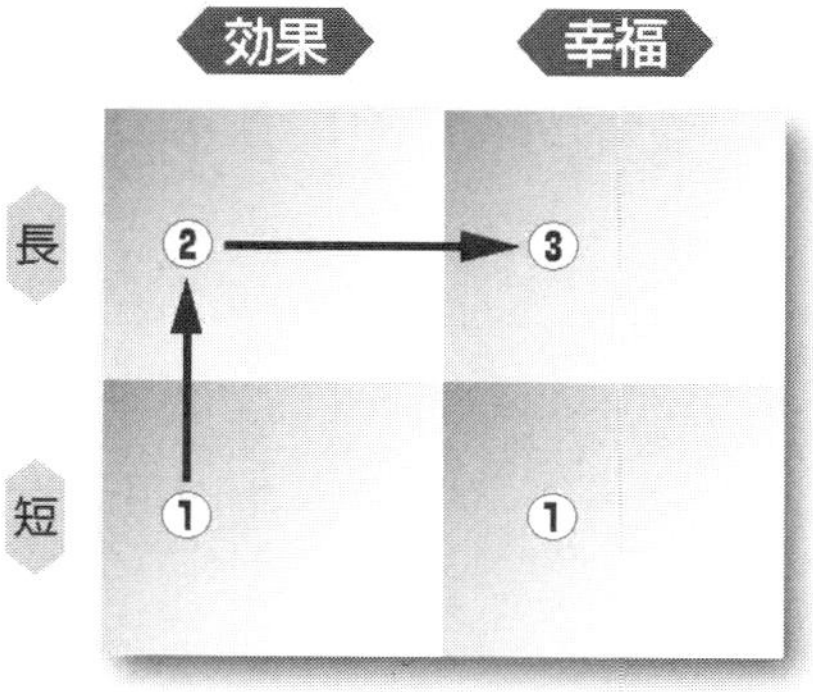

金儲けの背景に潜む心の問題

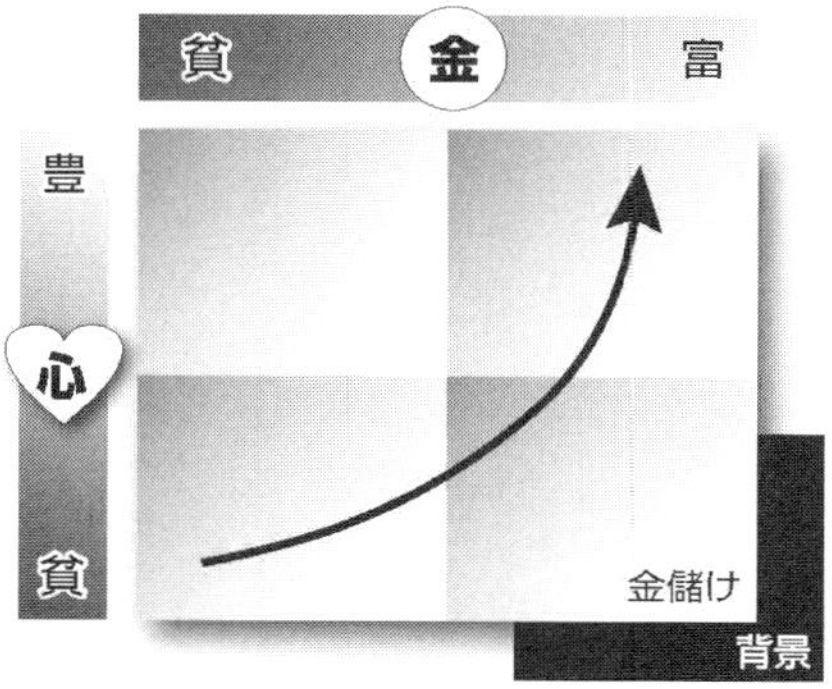

金儲けを突き進めると、障害が生じてくる。

「光を当てれば影が濃くなる」と言うが、その影の部分が噴き出してくるのだ。その影（不慮の事故や横領、裏切り等）が噴き出してくる前に、対処の方法を知的に知っておかなければならない。ただ単に、「儲けに向かって、突っ走れ」と言うだけでは、少し不安だ。

どこにカーブがあり、どこに落とし穴があるかを知っておいたうえで、金儲けに集中するべきなのである。

賛否両論は覚悟のうえだ。やはり利益だけを実現する情報を欲しい人が大多数だと思う。

「なんでそんなしち面倒臭いことをやらなきゃならないんだ。ズバリ儲けるだけでいい。社員や家庭なんか、どうにでもなるだろう」

そう思う方もいるだろう。

そういう方とは、今後は方向性が違ってくるので、会員の新陳代謝もあるだろう。

私としても、「売れる方法は、こうだ！」「こうすれば金持ちになれる」という情報だけを出していったほうが大多数の顧客には分かりやすいし、評判もいいと思う。しかし、分かりにくい、抽象的であるという批判を受けても、自分が経験して重要だと思う情報は積極的に発信していきたい。

私の気持ちとしては、以前から繰り返し言っているように「顧客獲得実践会は、神田昌典の実践会であってはならない」と思っている。あくまでも経営者の学習プラットフォームとして利用していただき、会員1人ひとりが、それぞれの**業界の見本**になって飛び立ってほしい。そういった**経営者のための学習の場を提供**するのが、これからの私の仕事ではないかと考えている。

●仕組みが完璧であっても、ビジネスは成功するとは限らない

ちょっと参考になる雑談をしよう。

この間、セミナーをやった時のこと。古くからの会員に久しぶりに会った。誰とは言えないよ。とても実力のある人。

数年前に新規事業を興し、業界地図を塗り替えるほどのビジネスを数カ月で作った。上場の話も出ていたから、その後、どうなったのかなと気になっていた。そこで聞いてみた。

「最近、いかがですか？」

彼からの答えを聞いた時、私は自分の耳を疑った。

「あまりにもうまくいき、目立ちすぎて（規制産業のため）業界団体から叩かれて法律が

変わり、売上が10分の1になってしまった」と言う。

ショックだったねぇ。経営コンサルタントの役割ってなんだ、と頭を抱えたよ。

なぜならね、この人は本人の才能、そして実践会メソッドを使って、本当にトントン拍子にきた。あまり詳しく書けないほどの成功物語だったわけ。


仕組みは完璧。もう業界地図は塗り替えられた。お客が殺到した。

それでも、**突然、急ブレーキがかかる**。

今までカンカン照りだった青空から、急に雷雨がザーザー降ってくるようなもんだよ。

あなた、このような状況に接したら、どう理解しますか？

私は思ったね。

ビジネスの成否っていうのは、仕組み50%、運（流れに乗ること）が50%だってね。

なぜなら、彼ほど仕組みをうまく作っていっても、予測できないことで急ブレーキがかかるんだから。もちろん私もコンサルタントとしては、「規制産業だから、デファクトスタンダード（標準規格）になるまでは、目立たず儲ける」と教えることもできるよ。しかし、そりゃ、その人の立場に立ってみれば役に立たないアドバイス。

事故が起こりそうだから、今日は運転しないほうがいいよ、とアドバイスするようなものだ。

言っとくけど、この急ブレーキは、結果オーライになると私は思っている。彼は今以上にでかいものを作り上げていくがゆえに、現在ちょっとした課題を抱えているのだ。そして、その課題をくぐり抜けたあとには、**素晴らしい結末が隠されている**ことは間違いない。

彼がうまくやることには、私も自信があった。

だが、さらに突っ込んだアドバイスができるかもしれないと思って、彼に聞いてみた。


「『なぜ春はこない？』※って本は読みましたか？」

「はい。冬の2年目でしたね。だから、試行錯誤の時期だと思っています」

「あれっ？　ということは、会社を設立したのは秋の時期ですね」

「そうです」

実は、秋の時期に会社を設立するのは要注意。

秋は、自分ごとの決断が裏目裏目に出やすい。

だから、人からの依頼をこなすのが大切。自分から仕掛けちゃダメ。

自分の判断で会社を作ってはならないというのが定石なのだ。会社を作りたいのであれば、自分の人生の夏までにやっておく。


『なぜ春はこない？』：2003年、実業之日本社より発行された、神田昌典著、アストロロジャー・來夢監修による書籍。人生の流れを季節になぞらえ予測する「春夏秋冬理論」について書かれている。「春夏秋冬理論」については、本書第4章でも詳しく紹介している。

もちろん、この話を決定論的に捉えてほしくないよ。

重要なことは、障害を避けることではない。**障害が起きた時に、それをプラスに転じることが大事なんだ**。障害が大きければ大きいほど、その後の飛躍が大きい。そのぐらい飛躍できない奴に大きな障害はこないのだ。

障害を乗り越え、乗り越え、矢沢永吉[※]はあそこまでビッグになったんだからね。だから障害を避けずに、受け止めることが大事なんだ。

●私は借金で足を踏み外した？

どんなに流れに乗るための知識（春夏秋冬理論）があったとしても、残念ながら、あなたの実力を試すような課題はくる。

彼が秋に会社を作ってしまったという、流れに逆らった決断をしたように、実は私も、春夏秋冬理論を知っていながら、流れに逆らった。どんなに避けようと思っても、障害（課題）は避けられないのである。

『なぜ春はこない？』で私は、秋は予想外のことが起こると言った。

矢沢永吉は〜：神田昌典は、2001年発行の矢沢永吉著『アー・ユー・ハッピー？』（日経BP刊、現在は角川文庫）に多大な影響を受けたという。

今の私は秋の1年目である。とすると、予想外の障害が起こったのか？

そう。今だから告白できるが、大変な障害が起こったのである。

黙っていようと思ったけど、このエピソードは、**経営者としての根本的な学びを、あなたにも与える**だろう。

だから、恥ずかしさを忍んで、告白しよう。


私に降りかかった障害とは、何か？

言っておくが、女性問題ではない。

仕事上のトラブルでもない。

なんと、借金の問題である。


その障害には予兆もなかった。

ある日、1本の電話が鳴った。電話を取ると、経営者をしている古くからの友人だった。

「やぁ、久しぶり」

そうやって会話のスタートを切った。

暗い声だった。銀行対策を間違えて資金繰りが苦しいと言う。数分間話をしたあと、彼は意を決したように、私に言った。

「お金を貸してくれませんか？」

「いくら？」

「〇千万です」

私は唸《うな》ったね。半端な額じゃないからね。

フェラーリが2台は買える金額である。

「いったい、いつまでに必要なの？」

「月末までに」

「月末？　**月末って、あと5日しかないじゃん!?**」

あと5日で、フェラーリ2台分の決定をしなければならない。私は中古のフェラーリを購入しようかどうかと、2年間考えあぐねた挙げ句、ミニクーパーを買った男である。ミニカーのフェラーリを買って、我慢しているのだ。

その夢のフェラーリを2年間かけてあきらめた男に、5日でフェラーリ2台分の金を貸せというのである。

その瞬間、私はどうなったか。

もー、苦笑いっすよ。

虫が蜘蛛《くも》の巣にかかって、蜘蛛に食べられてしまうにもかかわらず、じっと動けないことってあるじゃないですか？　あの心境です。

私は、平静を装いながら答えた。

「ただ単に貸すのは、双方にとってよくない。とにかく決算書を3年分見せてください」

そう伝えながら、私は考えていた。

（たぶん、貸すことになるんだろうなぁ……）

「神田さんなら、金が唸っているから大丈夫だろう」って？　そんなことはないけど、私も、かなり甘く考えていましたよ。

さっそく、顧問の会計士に電話して聞いてみた。

「現金あるでしょ？」

悪いことは重なる。

「何を言っているんですか！　今月は法人税、そして源泉税の支払い月です。そのほかに米国とのライセンス契約料やらホームページの1年分の制作料やら、大きな支払いが重なっているから余裕はありません」

　私は考えた。

（しようがない。最悪、自己資金から貸すしかないな。とにかく決算書を見てから決定しよう）

　そして送られてきた決算書を、仲間のコンサルタントで資金繰り・借金コンサルタントとして著名な小堺桂悦郎先生に見てもらった。悪いことが、また重なった。

「底力のある会社ですが、今はザルですね。**貸しても、まず返ってこない**でしょう」


　通常であれば、当然ここで借金を断るよね。ところが、私は彼をつぶしたくなかったのである。そこで『なぜ春はこない？』の監修者であるアストロロジャーの來夢先生に相談してから決めようと思った。

　ところが、不思議なことに何回電話してもつながらない。メールを出しても返事がない。

「おかしい。普段は連絡が取れないことはないのに」

　私はそう思った。翌日電話しても、同じこと。そして、その翌日も同様だった。まるで連絡を取ることが妨害を受けているかのようだった。

　いったい、この重要な時に、何が起こっているのか？

私は、その意味を探った。

この決定は、自分でせよというサインなのだ。

このように、宇宙は時々、面白いゲームを仕掛けてくる。私は、あちゃーと思いながら3日間悩み続けた。妻にも電話した。

「あんた、なんでそんな金を他人に貸さなきゃならないのよ！　なんてお人好しなんだから！」

普通の妻ならそう罵倒《ばとう》されても不思議ではない。でも、そういう妻ではない。彼女はお金に対する執着がいっさいない。私が話したとたん、「この人は貸すつもりなんだわ」と、彼女は平然と受け止めた。

本当にいい妻を持ったもんだ。

私も腹を決めた。

●逆境をプラスに転じる学びの法則

翌日は、ワクワク系マーケティングの小阪裕司先生と福岡出張。羽田で待ち合わせだ。小阪先生と会うなり、私は電話をしなければならない旨を伝えた。明日までに振り込まなければ、相手は困るのだ。

携帯電話で彼に連絡を取った。そして、清水の舞台から飛び降りた。

「借金の件ですが、明日までに全額振り込みましょう。ただ条件が1つあります。条件は小堺先生の指導を受けること。その条件でよろしいですか？」

「金利はいくらですか？」

「金利は、いりません」

交渉成立だ。私は、経理担当に連絡を取った。

「明日までに、〇千万円を振り込んでください。現金が会社の口座になければ、私の個人口座から振り込むように」

電話の向こう側で、経理担当者の目が飛び出るのが分かった。しかし、彼は私の気持ちがよく分かるのであろう。「分かりました」とひと言言って、あとはすべてを迅速に手配してくれた。うちの会社のスタッフは、言葉を必要としなくても、お互い気持ちが通じ合うのだ。

福岡空港に到着、タクシーに乗り込んだ。

「たぶん、もう貸すという決定を自分ひとりで下したから、來夢先生には連絡がつくよ。ちょっと電話してみます」

そう小阪先生に言いながら、私はダイヤルを押した。通話音が鳴る。

ツー、ツ……2回鳴り終える前に、電話口からいつもの明るい声が飛んできた。

「やっほー」

來夢先生とつながった。小阪先生と私は、爆笑だ。

なるほど世の中には、ムダということがない。数分のムダもないのだ。**コミットメント（選択）したとたん、次の現実が訪れる。**

來夢「ずっと携帯がつながらない場所で仕事でさぁ、今メール開いたところだったんだ」

私「そのメールの話なんだけど、結局、貸すことにしまして、先ほどその決定を伝えたところだったんですよ」

來夢「あぁ、そうなのぉ。あのね、**秋期の借金は絶対ダメ**なんだよ。**貸したお金は返ってこない。借りるほうは返せなくなる**んだよ」

來夢先生のお言葉が、私の耳にこだました。

「お金は返ってこない、返ってこない、返ってこない……」

覚悟はしていたものの、ショックだった。貸すと決定したとたん、返ってこないという言葉を突きつけられたのだ。数千万だぞー。それが返ってこない？？？？

私　「本当に返ってこないの？」
來夢　「唯一、流れを変えるのはね、返ってくることは期待せず、勉強と思ってそこから学びを得るようにすることだよ」
私　「たしかに、何事も学びだよね。でもフェラーリ２台分だよ。なんとかなんないの？」
來夢　「大きく回っているところには、それ相応の授業料がくるんだよ」
私　「でも……**その授業料……ちょっと高すぎない？　割引はないのぉ～**」（涙）

さぁ、この話はこれからどうなるのか？

いったいフェラーリ２台分のお金は返ってくるのか、それともドブに捨てられるのか？

神田昌典は、乗り違えた波を乗り切ることができ、再び波に乗ることが可能なのか？

いったい、この障害の裏には、どんな素晴らしい結末が隠されているのか？　それとも、素晴らしい結末など単なる幻想にすぎないのか？

ちなみに、今回の話は私に起こった単なる悲劇ではありません。

私は本件から、ほとんどの経営者の心に潜む根源的な問題が分かりました。**この問題を解決すれば、あなたの会社は年商10億円を超えて、大きく飛躍するステージに入ることができます。**

●答えが見えないクイズ

人生は、予想できない出来事の連続だ。

今までは成功すれば、毎日が平穏で、落ち着いた日々が続くものだと思っていた。金銭的に豊かになれば、うまい酒を飲み、女性からモテモテで、そして何の悩みもない日々が続くのだという幻想を何の疑問もなく信じることができた。

ところが、事実は違った。

どんなに豊かになっても、問題がなくなることはない。

それどころか、よりたくさんの問題が、より速いスピードで流れ込んでくる。**問題がな**

くなるのは、墓場の中だ。

とくに、人生の秋期には、予想できない問題が降りかかる。

私にとって、今回の借金問題は、まったくの不意打ち。

「秋期の借金は返ってこない。授業料だと思って、そこから学ぶこと。それが唯一、借金が戻ってくる方法」

大きなクイズが出されたものだ。いったいどんな学びを得ればいいのか？

当たった時の賞金は、フェラーリ２台分。ところが、その賞金はもらえるのではなく、すでに奪われているものが返ってくるにすぎない。しかも、当たった時に返ってくるという保証すらないのだ。


言っておくが、あなたにとって、この借金問題は他人《ひと》ごとではない。今は他人ごとのように思っているかもしれない。ところが、実際にあなたに問題が降りかかった時、「どうしてあの時、神田さんのアドバイスをもっと真剣に聞いていなかったのだろう」と吐きそうになるほど、悔やむと思う。でなければ、この貴重なニュースレターのページを使って、自分自身の恥部を告白する必要なんてない。

人生の秋期に起こる予想外の問題が、借金という単なる金銭の問題で済んでいるのは、私が本当に幸運だったのだ。脅かすわけじゃないが、経営者にとって、人生の秋期には重要な課題が降りかかってくる。

たとえば、私が経営コンサルタントになってから聞く話には、次のような悲劇がある。

・ある人は、突然、自分が重い病に冒されていることを知らされた。
・ある人は、家に帰ってみると、妻と子どもが縄で縛られ、強盗に金銭を奪われた。
・ある人は、社員が暴力団と関係を持ち、組員が会社に乗り込んでくることに。
・ある人は、以前の同僚から恨みを買い、殺されかけるような出来事が勃発《ぼっぱつ》。
・ある人は、もっとも信頼していた社員が２０００万円を横領していたことが発覚。

このような悲劇というのは、突然起こるように見えて、実はその前にシグナルが何回か出ている。ところが、その**シグナルに気づかないと、警告音が徐々に大きくなっていく**のだ。

あなただったら、以上のような問題が起こった時に、どう対処するか？

対処法とは、私が突きつけられたクイズと同じである。

「この問題からいったい何を学ぶのか？」

フェラーリ2台分のクイズを出されてから、私はその答えを求め続けた。

その答えとは何だったのか？

その答えとは、それまでの私の人生のうち、もっとも大きな学びになった。

そして、私だけではなく、多くの経営者にとっての根本的な学びになるものであった。

会社が年商数億円の規模から年商10億円を超えるための必要条件、**家業から企業に変革していくための必要条件**だったのである。

●見たくないと押さえ込んでいた心の闇

この借金問題を体験することによって、私がどんな学びを得られたのか説明しよう。

実は貸すことを決定した瞬間、私には**不思議な感情**が起こった。それはうれしいという感情だったのだ。

「なんで俺は、損することが分かっていながら、うれしいという感情を持つのだろう？」

私には、この感情が場違いなものに感じられ、違和感を持ったのだ。

その違和感にフォーカスすることによって、私には自分の**心の闇**が分かってきた。

私は人を自分に依存させることで〝満足〟を感じる……ということに気づいたのである。〝面倒見がいい〟と言えば聞こえは悪くない。しかし、私が持っていたのは、利己的な感情だった。**依存させることで、人をコントロールしようとしていた**のだ。

振り返ってみると、私は人と食事すると、おごってあげることが多かった。仕事仲間と飲みに行けば、多くの場合、私が代金を持った。そうするたびに、私は満足を感じていた。その満足は、人を依存させることによって得られる満足だった。実は、多くの経営者が、このように人を依存させることで、社員をコントロールしようとしている。だからこそ、会社が一定のところまでくると、その後の成長が困難になる。

具体的に言えば、ほとんどの会社が年商10億円を超えられない理由がここにある。年商8億円までいった会社が、来期は10億円を目指すぞと言ったとたん、問題が起こり、年商6億円に逆戻りする。そんなことが頻繁に起こっているが、その原因は、**社長が社員を依**

存させようとする無意識の行動パターンなのである。

考えてもみてほしい。人を依存させることによって満足していた場合、それは逆に言えば、人を育てないことにもなる。これを多くの社長は、無意識にやってしまう。

部下が成長すると、社長は「部下のやり方がいかに未熟か」について無意識に思い知らせるようにする。自分がボスであるということを見せつけるのである。

「なんで社員が育たないのか！」と悩んでいる振りをしながら、無意識ではほくそえんでいるのである。

人が育たないのではなく、人を育てたくないのである。

いい人が採用できないのではなく、いい人を採用したくないのである。

なぜなら、いい人を部下に持つと、自分の存在意義がなくなってしまうからである。人から依存されて初めて、自分自身の**空虚感や無価値感を癒すことができる**。これが経営者という生き物に特徴的な傾向なのだ。

2代目経営者を持つ創業者は、このようなパターンにはまっていることが多い。

創業者は、いかに2代目が頼りないかを言い続ける。

「うちの息子は、いい年にもなって、頼りなくて」

とグチをこぼす。息子のほうにも、親に合わせて、頼りない息子を演じている。そうやって、親子の調和を保っているわけだ。この場合には、創業者が息子を依存させていることに気づかないと、息子は自立できない、また、息子のほうも積極的に親と対決しなければならないのだ。

面白いことに、以上のことを〝知的に理解すること〟と〝行動できること〟とは違う。ある創業者は、自分が息子を依存させていることに気づいて、私にこう言った。

「神田さん、分かりました。私が息子をダメにしていたんですね。分かりましたので、もう息子にはすべてまかせるようにしました。大丈夫です」

そう言いながら、今度は会社には、新任の事業部長が入っていた。部長は私にこう言った。

「いやぁ〜、息子さんはしっかりしていますが、まだまだですな。育てるのが私の役目ですわ」

結局、創業者はこの事業部長に、**息子の監視役を代行させた**にすぎないのである。

2代目経営者の方も多いと思うが、思い当たる節があるだろう。それだけ頻繁に起こるパターンなのだ。

●無価値感が作られる土壌

それでは、さらに根本的な問題に下りていこう。

いったいなぜ、経営者は無価値感を感じているのだろう？　この原因は、経営者の幼い頃の家庭環境に根ざしている。

分かりやすく言おう。

親が厳しかったのである。親が厳しくて、「お前はダメだ」と言われ続けたのである。すると、自分は人より数倍努力しないと価値がない人間だと思い込む。このように無価値感が刷り込まれていく。

親が厳しくない場合でも、夫婦関係が冷めていたら同様に、子どもは無価値感を感じるようになる。子どもは夫婦関係を引き留める役割を無意識に果たすようになる。子どもが2人いれば、1人は良い子ちゃんになって、良い成績を取ることで両親の気持ちを引き留める。もう1人は問題児になって、問題を引き起こすことによって両親の気持ちを引き留める。だから、問題児に問題がなくなると、今度はよい子ちゃんが問題を起こす。

このようなバランスを家庭内で取っていくのである。

このように無価値観を癒すこと、もしくは父親の理不尽な扱いに対する復讐が、経営者のエネルギー源になっている。**無価値感を乗り越えて、価値ある男になるというヒーローズ・ジャーニー（英雄の旅）が、社長のドラマ**なのである。

無価値に感じる男が価値ある男になって、そこでドラマが終わってくれればいいのだが、このドラマの適切な終わらせ方を教える人がいない。そこで到達点までくると、同じドラマを初めから繰り返すことになる。

具体的には、成功したと思ったとたん、ドーンと谷底に落ちる。社長はいつまで経っても自分に満足することがない。目標を達成しても、「もっともっと、できるはずだ」とOKを出すことができない。その結果、自分のエネルギーが切れた時に、会社は崩壊。

結局、このようなパターンが繰り返されているからこそ、日本の法人の90％以上が、年商10億円以下の零細企業のまま留まっているのだ。

もちろん社長のカリスマ性で、年商20億や30億円、高度経済成長期には300億、3000億円にまで引っ張り上げられる場合もある。その社長に特徴的なことは、「親父」と呼ばれていることである。要するに、**社員を全員、子どもとして依存させていることによって会社のバランス**を保っている。

これは大変危険な橋を渡っている。第1に、その社長が辞めたとたん求心力を失い、その組織は縮小せざるを得ない。中間管理職というリーダーが1人ひとりに育っていないからだ。

第2に、常に社長は、部下に細かな指示を出し続けることになる。これではロバート・キヨサキ※が言うところの自営業者にすぎず、自分の手から会社が離れてもキャッシュを生み続けるビジネスオーナーや投資家になることはできない。

借金体験から学んだことは、私自身も経営の原動力が自己評価の低さを克服するという、ネガティブなエネルギーだったこと。その結果、社員そして会員を依存させることで、私自身の心の安定性を保っていたことが分かったのである。社員や会員は、魔法を求める。「神田さんに聞けば、何でも解決できるだろう」と。

今まで私も、その魔法の杖《つえ》をかざしてきた。質問されれば即座に答えを渡す。「自分はこんな難しい問題も簡単に答えが出せるんだぞ」とひそかに自己満足を感じながら。そうやって人を自分から離れられないようにするエゴが強かったのだ。

ところが、答えを与え続けるかぎり、社員や会員が育っていくはずがない。このように魔法を見せようとしているかぎり、考えられない人々を量産することになる。

ロバート・キヨサキ：ご存じ『金持ち父さん 貧乏父さん』（2000年　筑摩書房刊　シャロン・レクター共著　白根美保子訳）シリーズ著者の投資家。同シリーズは「不労所得を得る」というお金に対する新鮮な概念を広く知らしめ、いまだに売れ続けるビジネス書の大ベストセラー。

このことに気づき、私は**社員を依存させるというゲームをやめることにした**。そのゲームをやめたとたん、変化は絶大だった。

私は自由になった。自分が育つ代わりに、社員が育った。

社員は自ら工夫して、自らの方法で目的を達成するようになったのである。

マネジャーが育ち、私に代わって人事評価、賞与の査定、人材採用、会議を自ら運営し、プロジェクトを立案・実行、マニュアル作成までできるようになった。現在、私のところに持ち込まれる問題は、ほとんどない。持ち込まれた場合でも、私は考え方を教えるに留まる。「私が介入するほうがよければ、言ってほしい」と投げかけると、「いいえ、まず自分でやってみてみます。ダメだったら、その際は協力してください」と返答がくる。

自分で決断し、自分で実行したことがうまくいくことで、社員は急速に成長する。短期間で、どの会社に出しても一級のマネジャーとして誇れる社員になったのである。

私にとってのこの気づきは、生まれてこのかた、もっとも大きな学びのうちの1つだったろう。**自分が幼い頃から抱えていた無価値感を手放した結果、社員は自ら考えて動けるようになった**のである。

借金問題が起こらず、この根本的な問題に気づくことがなければ、私は自由になることができず、会社の枠組みの囚人となっていただろう。多くの経営者は、**会社の囚人として一生を終える**ことを考えると、私が40歳手前にして、この事実に気づけたことは、本当に幸運以外の何ものでもない。

●借金問題の結末

さて、前述の「借金問題」は、結局のところ無担保・無金利融資を実行となった。友人は年末までの融資期間を希望したが、私は返済期限を3カ月とし、その後は、再度、期限延長の交渉に応じる対応を取った。

この融資をきっかけに、私は自分自身のネガティブなエネルギーの源泉を突き止めた。それをポジティブに変えていくことが、家業から企業に発展させるための鍵であることに気づいた。

この気づきをベースに、細かなステップを組み立てたリーダーシップセミナーを5月16日に開催した。自分で言うのも何だが、今までのマネジメントを覆す画期的な内容だった。この内容を実行した方からは、数カ月も経たないうちに会社がみるみる変わり、今や**ほと**

んど社長が出社する必要がなくなっているとのコメントすらもらっている。

「唯一、借金が戻ってくる方法は、授業料だと思って、そこから真摯《しんし》に学ぶこと」

そのような態度で、私はこの問題から何を学ぶべきなのか考えてきた。

融資期限は3カ月と設定したものの、期限通りに返ってくるはずがない金額だ。たぶん、これは今後数年にもおよぶ学びになるだろうと覚悟していた。

リーダーシップセミナーが終わった次の日、私は融資をした会社に訪問することにしていた。5月17日、土曜日である。通常ならば私は土曜日、仕事を入れることがない。家族と過ごすために週末の仕事は極力、回避しているのだ。ところが、この時は家族で東京に出かける予定になっており、セミナーのあと、次の予定まで時間が空いていたものだから、融資先に出かけることができたのである。

融資の期限は、5月末である。しかし、あれだけの大金が3カ月で戻ってくるはずがない。私は、また3カ月延長する準備で、このミーティングに臨んでいた。

ひとしきり雑談を楽しんだ。30分ほど経って、私は聞いた。

「それで、借金はどうします？」

「お約束通り、全額返金させてください」

私はあえて冷静さを保った。

「それはありがたい話です。でも一番重要なことは、経営が安定的に軌道に乗ることだから、無理してもらうことは私の望みではありません」

「はい、あとは1人でやってみます」

「それでは、ありがたく受け取りたいと思います。本当に、いいんですね」

「はい」

「またなくなったから、貸してくださいと言っても、今度は貸せないですよ」

「分かっています」

彼の心の中には、言葉以上のものがいっぱい詰まっている。

もう長い付き合いだ。それは言わなくても分かっている。

彼の事務所を出たあと、**私は呆然としていた**。

リーダーシップセミナーのコンテンツを出し終えたとたん、借金が全部返ってきた。

世の中、完璧にできている。

学びを得れば、問題が解決することは分かっていた。しかし一瞬たりとも、ムダな時間がないなんて。必要な学びに集中すれば、**問題は問題ではなくなり、それはギフト（ご褒美）になる。**

「やった、やった！　なくなったと思ったお金が返ってきたぞ。これでフェラーリ、買っちゃおうかな??」

私は奇跡に酔いしれた。

でも結局、フェラーリを買うことはできなかった。友人が真剣になって返してきた金だ。ムダにできるはずがない。私はその資金で、うつ病を防止するテープを無料で配ることにした。これだけの資金があれば、数万本は無料で配ることができる。その結果、うつ病を克服できる人が何人かでも得られれば、亡くなった私の友人にも顔向けできるだろう。

私はなんと幸運なんだろう。豊かさっていうのは、こういうもんだ。

「授業料として返ってこないと思いなさい」と知恵を授けてくれた人がいる。

大変な決定であればあるほど、何も言わずに協力してくれる妻がいる。

声をかければ、ひと肌脱いで一緒に頭を絞ってくれる同志がいる。

私の信頼に応えるために、必死になって現金を作ってくれる経営者がいる。

このような**つながりこそ、人生に、宝石のような光をもたらしてくれる。**
経営者っていうのは、恵まれた生き物である。

第2章

成長には「落とし穴」も付き物

成長に〝痛み〟は付き物だ。本章では、企業経営で避けては通れない「マネジメントの危機」を事前に察知する術を分かりやすく紹介する。「桃太郎理論」や「家庭の危機」など、書籍では詳しく言及されなかったトピックを初公開！

●複数のプロジェクトを自動操縦できるマネジメント法

それでは、仕事上だけではなく、**経営者が生きるうえで、きわめて大きな力になるマネジメント法**をお伝えしていきたいと思う。

このマネジメントに関する知識は、実は、私がマーケティング（集客方法の知恵）でやってきたこと以上の効果がある。**マネジメントに対する今までの考え方を根底から引っくり返す**威力のある知識である。

この知識を使うと、複数の会社、複数のプロジェクトが同時に動かせるようになる。部下が短期間に育つので、あなたは複数のプロジェクトをほとんど自動操縦で動かせるようになる方法なのだ。

複数のプロジェクトを動かすことは、なぜ重要か？

答えは、事業のライフサイクル※が非常に短くなっているからだ。

1つひとつの事業のライフサイクルが短いから、たった1つのビジネスを大きくしようとすると、数年で枯れてしまうのである。

事業のライフサイクル：事業には「導入期」「成長期」「成熟期」というライフサイクルが存在し、それを自覚した戦略・戦術を実行しなければ成功はない、とする神田昌典の基本概念の1つ。本書第4章でも触れている。

たとえば、ある商品をベースに事業を起こしたとする。

その場合、事業のライフサイクルがどのくらいもつかというと、まぁ、長くて5〜6年。ということは、導入期、成長期、成熟期にそれぞれ2年ずつしかもたない。つまり、苦労して立ち上げたビジネスも、おいしい期間はほんの数年。その後は収益が激減してしまう。だから、**儲かっているほんの短い期間に、次の事業を立ち上げていかなければならない**わけだ。

今までは、一度ビジネスを立ち上げたら、そのビジネスを大きくしていくことが大事だった。ところが現在は、ライフサイクルが短いので、いくつもの小さなプロジェクトを同時並行で動かさなければ企業収益は安定しなくなっている。

このような複数プロジェクトを回すのに必要なマネジメントノウハウは今まではなかった。今までのマネジメントというのは、1つの大きな組織を動かすために作られた方法論だった。だから一般的に「マネジメントは、社員数が30人から100人くらいになってから考えればいい」なんて言われてきた。

常識はその通りだ。私も、そう信じてきた。「〝マネジメント〟なんちゅーのは、社員が多くなってから考えればいい」と。

たしかに、「軍隊式の組織」を前提とするならば、30人から100人になるまで、とくにマネジメントに力を入れる必要はない。軍隊式の組織は、高度成長期には、適切。でも残念ながら、成熟期に突入した企業にとっては軍隊式の組織は、不適切となってしまっている。

上の命令だけ聞いて動く組織は、成長期の企業に当てはまるが、その後の成熟期に入ると、ため込んだ〝膿《うみ》〟をとたんに噴出し始める。

高度成長期に育成された企業戦士が、現在、大量にうつ病※になっている現実を考えれば、成熟期における軍隊式の組織がどんな歪《ひず》みを生み出すのかが分かると思う。

私が今痛感していることは、クリエイティブな組織においては、**ほんの5～6人の規模から、マネジメントをやらなくてはならない**ということ。

なぜなら、現在の環境で一番重要なのは「顧客の需要を創出すること」……要するに、顧客に買いたいと思わせる商品の切り口を見いだし、そしてリピートしたくなる顧客サービスを提供し続けることである。これはかなりクリエイティブなプロセスであり、軍隊式なマネジメントではとても無理な作業だからだ。

一番悪いのは、なんにもマネジメントを考えないこと。

うつ病：この原稿（ニュースレター）でいう「現在」は2003年当時であるが、さまざまなメディアで頻繁に取り上げられているように、ビジネスマンのうつ病は現在も大きな問題である。

軍隊式のマネジメントも、ないよりは、あったほうがいいよ。でも、どうせマネジメントを考えるのだったら、自動操縦しながら、クリエイティブに動く組織を作りましょう、ということだ。

私は『60分間・企業ダントツ化プロジェクト』(ダイヤモンド社刊)のあとがきで、元横浜国立大学の堀之内高久先生[※]とのコラボレーションで、まったく異なるマネジメント理論が生まれようとしていると書いた。

そのマネジメント理論のおかげで、弊社は**スムーズに急成長できる**ようになっている。この画期的なマネジメント法を、できるだけ分かりやすく説明したいと思う。

●問題が起こるタイミングを予測する「劇場思考」

ここでお伝えするのは、「問題の予測法」。

問題を予測することによって、一度起こった問題を二度と繰り返さなくする。

考えてみてください。問題が起こる前に、いつ起こるかを予測できちゃうんですよ。そして、事前に手を打つわけ。

すると、問題が起こる前に解決できてしまうので、会社は時間をロスすることなく次の

堀之内高久先生：現在は大学発ベンチャーメンタリング研究所スーパーバイザー。

段階にワープすることができる。

この問題解決法は、今までの常識とはまったく違う。今回ご紹介する問題解決法は、私のオリジナルな手法であり、問題が起こる時期まで予測できるという画期的なもの。**「劇場思考による問題予測・解決法」**と呼んでいる。

今までの常識的な問題解決法では、問題が起こったら原因を突き止め、その解決を図る。解決策が適切であれば、今後問題は生じないという考え方である。

ところが、この思考法（**原因思考**）には、大きなデメリットがある。

まず、「問題を解決するには、原因を突き止めればいい」という考え方は、組織に亀裂を生じさせる危険性がある。

その理由は、「問題がどのように発見されるか」のプロセスを思い起こすと分かる。

問題はどのように浮上するか？

たいていは、顧客もしくは社員からのクレームだ。

クレームがあった場合、多くの会社はその原因を探し出す。

その結果、たとえば「これはAさんがやるはずだったんですが、実際にはできていなかった」という原因を突き止められる。

解決策としては「Aさんがきちっとやるためにはどうすればいいのか」と考えればいい。

その結果、Aさんに注意したり、トレーニングを行ったり、マニュアルを作らせることになる。


一見、以上のプロセスは論理的で正しいように見える。

しかし〝感情〟という側面から見ると、致命的な欠点がある。

先ほどのプロセスを「Aさん」の視点から見ると、こんな感想を持っているはずだ。


「私はこんなに一生懸命やっているにもかかわらず、さらに私にそこまで求めるの？　なんて酷《ひど》い会社なの！」


このように自分自身が否定されたと考えてしまう。もちろん担当者（Aさん）が悪いのではなく、プロセスが悪かったのだと言って担当者を守ることができるが、それでもやはりモチベーションがダウンし、人間関係にも不信感が植え付けられることは避けにくい。

すなわち、問題が起こった時に原因追求をすればするほど、組織に亀裂を生むという悪循環にはまっていくのだ。

また、原因を追求して、仮に解決策を見いだしたとしても、その解決策で問題が解決できるかどうかは分からない。なぜなら、原因を突き止め解決策を見いだす、ここまでに問題が起こってからの時差がある（次ページ参照）。「原因1」は「状況1」で起こっている。「原因1」の解決策を、今度は「状況2」で生じた「原因2」に応用しようとしているわけだ。「状況1」と「状況2」は異なるのだから、同じ解決策で問題が解決する保証はない。

さらに「状況2」で生じた「原因2」というのは、先の解決策によって引き起こされた可能性もある。つまり、問題解決手法の中に、将来の問題を生じさせる要因が含まれている可能性がある！

もぐら叩きのような状況だから、いつまで経っても根本的な問題は解決するはずがないのだ。

今まではこれでもよかった。なぜなら、ライフサイクルが長く、状況の変化があまり頻繁ではなかったからだ。しかし、今は半年くらいで状況が変わってしまう。問題解決法自体が、大きな限界点にきているのだ。

問題解決手法の問題点

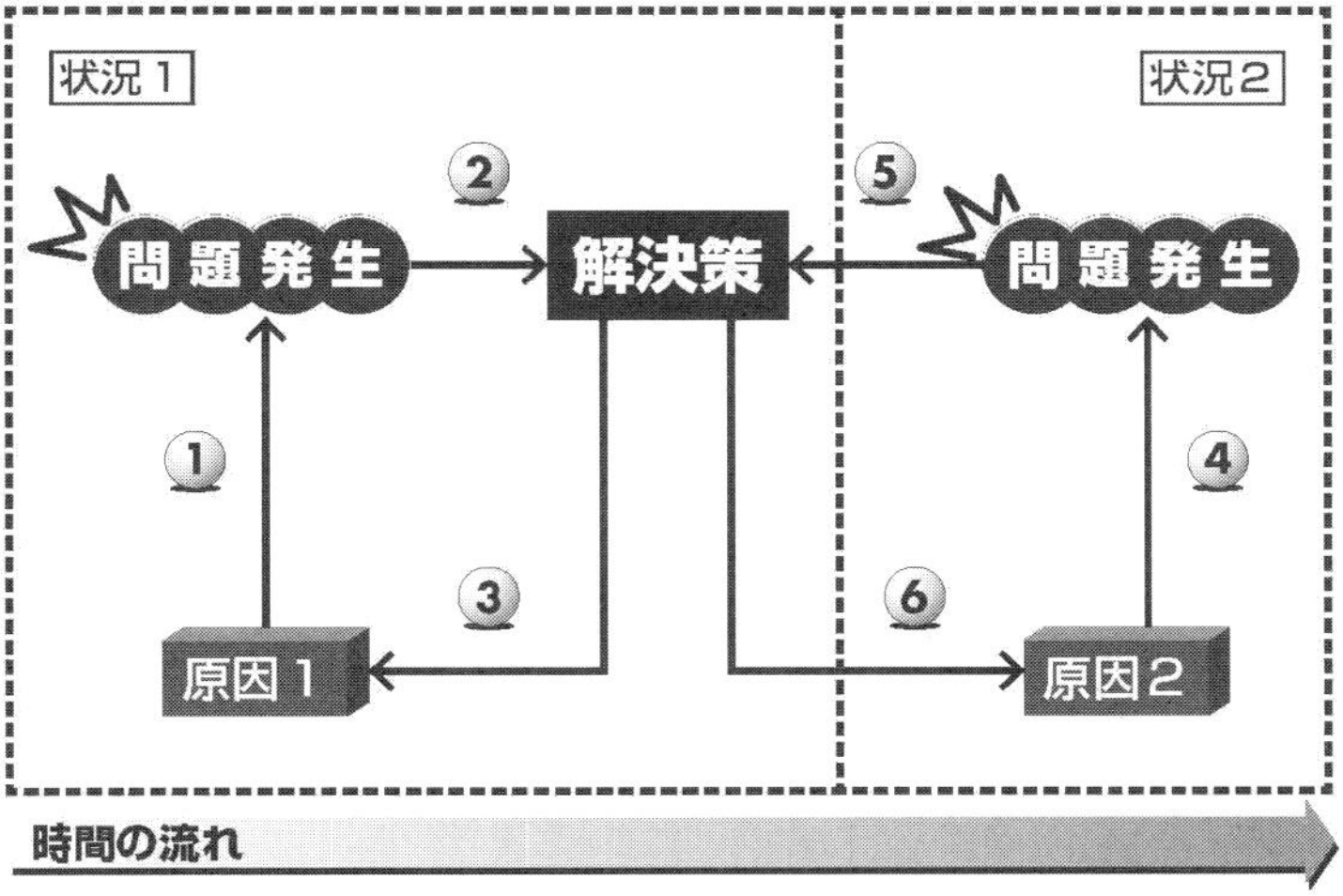

① 状況 1 の中で、原因 1 によって問題発生。

② 原因 1 を突き止め、解決策を出す。

③ 解決策を原因 1 に適用。この時、すでに問題発生から時間が経過。

④ 再度、問題発生。その時は、さらに時間が経過し状況が異なっている。

⑤ 過去の解決策を原因 2 に応用しようとする。

⑥ 状況 1 と状況 2 では、状況も異なれば原因も異なる。同じ解決策で解決する保証はない。

●問題は「神話パターン」で発生する

では、こういった問題が起こった時にどうやって対応すればいいか？

私が最近実践している方法は、問題が起きてから解決策を考えるのではなく、**問題が起きるタイミングを予測し、その解決策を事前に準備**しておくことである。

この問題解決法は、すごい。だって、**問題が起きる前に解決しちゃう**んだからね。

この方法論は、問題は起きるパターンが決まっているということが前提にある。結論から言えば、**問題は神話の形式に沿って起こる**のである。「なんで神話と問題の発生が関係あるのか？」と思われるかもしれないが、そのように考えると、問題の発生が予測できるのだから仕方がない。次ページの図を見てください。

この図は、古今東西の神話をパターン化したもの。この神話パターンは、馴染みのあるところで説明すると、ハリウッドのヒット映画のパターン。

『スター・ウォーズ』『タイタニック』『千と千尋の神隠し』『Shall We ダンス?』など、ヒットする映画はすべて神話のパターンをベースに作られている。舞台や配役がそれぞれ

問題発生の「神話パターン」

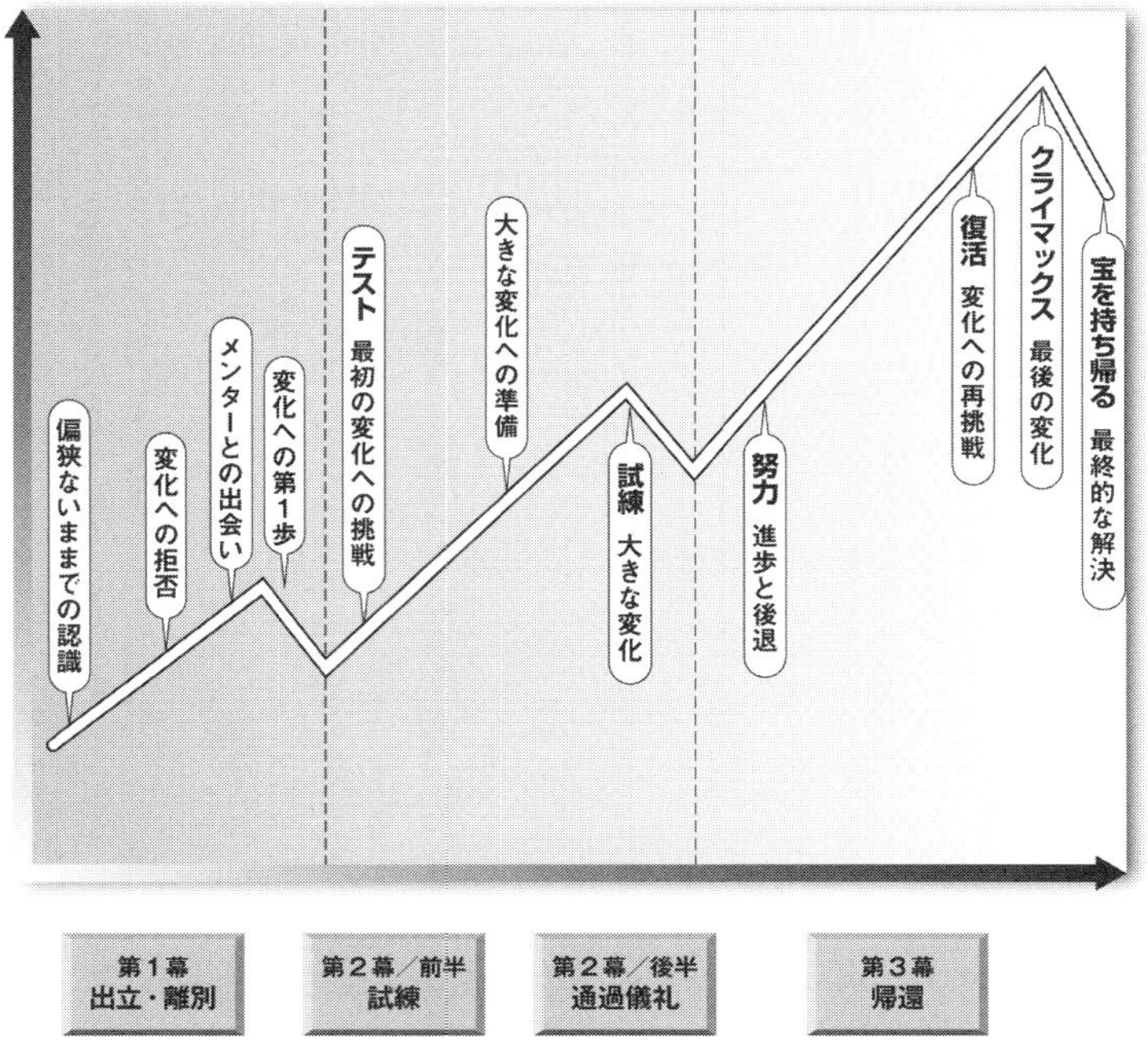

『神話の法則』（クリストファー・ボグラー著、ストーリーアーツ＆サイエンス研究所刊）より作成

異なっているので、ぜんぜん違う映画に見えるが、物語の展開だけに絞って分析していくと、ハリウッド映画はすべて同じ構成になっている。

同じ物語の展開を見ているにすぎないのに、われわれは飽きもせず、毎回喜んでお金を使っているのである！　要するに、**顧客を感動させる公式がここにある**わけで、ハリウッドの天才監督は、当たり前のように、この公式を使っているのだ。

ハリウッド映画は、前ページの図のように3幕構成に分かれていて1幕1幕に必ず障害が起こる。そして、この障害が、われわれの人生においても同じようなタイミングで起こるのである。

よく「二度あることは三度ある」と言うでしょう。

それは1幕目で解決した問題はもう起こらないが、2幕目で同じ問題があったら、そのパターンにはまり込んでいるから、3幕目に大きなクライマックスがあるからなのです。

こういう構造を知っていると、問題が起こった時に、根本的な解決策を得やすい。なぜなら、1つ目の問題が起こったところで、「あぁ、これはシナリオ全体で見れば、第1幕の終わりなんだ」と解釈できる。その際に、次のミラクル・クエスチョン（魔法の質問）をしてみる。

・いったい、この問題によって私はどんな学びを得ようとしているのか？
・この問題が第1幕の終わりだったとしたら、第2幕にはどんな問題がくるのだろう？

この最終的な学びを得るために、無意識のうちにシナリオを描いており、そのシナリオに沿って問題が発生しているのである。すると、その学びの内容が分かれば、2幕目の問題が起こる前に、予防・準備しておくことができる。すると実際には、必要な学びを得てしまっているので、2番目、3番目の問題は起こらないことになってしまう！

本当か、そんな不思議なことがあるのかと疑うだろう。しかし、私があなたに嘘をついても何の得もないし、また、あなたがこの思考法が役に立つのかどうかを実証するのに、お金はかからない。問題が起きた時に、このような劇場思考で考えてみれば済むだけの話である。

しかし、どうしてこういうパターンがあるのか？

これは私の仮説にすぎないのだが、昔から語り継がれてきた神話のパターンが、われわれの潜在意識の中にしみ込んでいるからだ。しかもそれは個人の潜在意識ではなく、人類全体の潜在意識の中にプログラミングされてしまっているのだ。

人間は潜在意識に埋め込まれた自動思考パターンによって、行動を起こす。だから、たいていの人（もしくは組織）は、**3回の障害を経てから学びを得ようという設計図**を、無意識のうちに描いてしまう。シェークスピアは、「人生は劇場だ」という言葉を残したが、それは単なる比喩ではなく、現実を正確に表現したものだった。

この学びのための演劇を、グループ全体で行っているのが会社である。

だから、会社で問題解決を効果的に行っていくためには、1つ目の問題が起こった時にそれがどういう学びを得るためのシナリオで起こったものなのか、一生懸命考えることが鍵。その学びが終わってしまえば、2度目の問題も、3度目の問題も起こらない。仮に2度目の問題が起こったとしても事前に防衛策ができているので、痛手にはならない。

こういう思考習慣を会社全体で身に付けると、どうなるのか？

会社の成長スピードが異様に早まっていく。

●会社組織が崩壊するタイミング

劇場思考という問題解決法は、問題が起こった時点で、全体のシナリオを想像して、2

度目に起こる問題を事前に回避しちゃう方法だ。ビジネスだけでなく、人生全般に使える問題解決法。

非常に深遠なコンセプトであるが、これについては決定論的に考えるのではなく、**直感を得るための思考ツール**として活用してもらうといいと思う。

そして次に学ぶ内容は何かというと、成長企業が必ず陥る落とし穴の第1回目。落とし穴がいつ生じるのか、その内容、タイミング、理論的背景について話しましょう。

この話は、あなたがサラリーマンであっても、起業したてであっても重要。なぜなら、どの会社も成長していくと、必ず同じようなタイミングで、また同じようなパターンで亀裂が入るからだ。

これを知らないと、サラリーマンは自分の職が危うくなる、起業家はビジネスが成長しても、組織が崩壊。結局、会社はガタガタ。

しかし、大丈夫だ。

この続きを読めば、恐れることはない。まったく新しい視点から、このような落とし穴に陥ることを回避できるぞ。これほど組織の動きが予測できる方法があるのか、と目からウロコの内容だと思う。

まずは、2問ほどクイズ形式で、ある典型的な会社の例を挙げよう。

あるところに、小さな会社がありました。「いろは株式会社」といいます。いろは株式会社は5年前に創業。当初は社長ひとりで苦労しましたが、3年前に軌道に乗ってきたので営業マンを雇いました。

2人は大きな会社にしようと意気投合して、24時間365日仕事に没頭。初めのうちは2人で、さまざまな営業先を開拓。

そのうちに営業マンは社長の右腕となり、営業をまかせておけるようになりました。またその間、経理、営業事務、生産担当（または仕入れ・配送）の社員も増えました。

現在は10名ほどの小さな会社ですが、急成長しており、勢いが止まる心配はありません。

今年は株式会社に変更し、広い事務所に移転しました。

創業以来、走り続けた社長は、やっとひと息つけるようになりました。

〈ああ、今まではちょっと会社を離れるとバンバン携帯電話に連絡が入ったけど、最近は、やっと人にまかせておけるようになったなぁ〉

〈家族で休暇が取れるようになったし、セミナーに出て勉強することもできるようになった〉

社長は安堵感を噛み締めていました。近い将来、この会社の組織が崩壊するなんて、誰も夢にも思わなかったのです。

それでは、ここでクイズです。

第1問　この会社の組織に亀裂が入るのは、何年後と予測されるでしょうか？

第2問　その際、組織の分裂の引き金を引くのは誰でしょうか？

第3問　分裂した組織は、どのようになるでしょうか？

第4問　どうすればこのような問題を回避できるでしょうか？

〈各25点　合計100点　制限時間20分〉

さぁ、みなさん、解答はご記入いただけたでしょうか？
それではこの問題の答えを、いろは株式会社社長の青島タクさんに語っていただきましょう。それでは青島社長、ご登場ください。どうぞ。

――青島社長、いったい何が起こったんですか？

「いや〜、まったくあんなことが起こるなんて、夢にも思わなかったですよ。こんな辛い思いはもうまっぴらです。酷いもんですよ。あれだけ手塩にかけた右腕にですよ、飼い主の手を噛まれたんですから。
あれはちょうど、**創業4年目の時**ですよ。家族でディズニーランドで休暇を過ごす予定だったんですよ。そうしたらね、ディズニーランドに着いたとたん携帯電話が鳴ってね。『社長、社内が大変です！』ってね。**コンピュータの顧客データ全部、右腕に盗まれた**。そして、経理と営業マン2人を引き連れて、退職してしまったんですから。びっくりしましたよ。信頼していたから、奴が**データを盗んで、うちのライバル会社を作る**なんてね」

――それはそれは大変でしたね。その時の気分はどんな気分でしたか？

「なぜ私を裏切ったのかが分かりませんでした。それも1人ではなく、何人もでしょう？もちろん当面の売上をどう確保しようかという問題もありましたが、このように信頼していた相手から裏切られると、今までやってきた仕事がなんだったんだろうと、急に虚《むな》しくなって。まったく仕事にならない期間が3カ月も続きましたよ。

しかも、私どもの顧客を全部盗んでいったわけでしょう。そしてうちより安い価格で、同じ商品を売り出した。もう**会社をつぶすことも覚悟**しましたね」

――いったい、その危機をどのように乗り越えたんですか？

「まずは私が先頭に立って、組織を立て直しました。残った社員に心機一転を呼びかけました。すると、ありがたいじゃないですか。実は、その右腕の仕事の仕方があまりにも酷いと反感を感じた若手の社員がいたんですよね。彼らが立ち上がってくれて。

年齢的に若かったから、平社員だったんですけど、上司がいなくなったら、とたんに実力を発揮し始めてね。目の上のたんこぶがなくなったらね、とたんに社内が元気になり始めました。

結局、**右腕は悪い社員を全員、連れ去ってくれた**わけですよ。当初は、お客もライバル会社のほうが安いといって流出したんですけど。その分、新しい客が紹介で増えましたね。安値買いだけを目的とするお客がいなくなったので、平均購買価格もアップしました。だから結果的に言えば、**あの事件のおかげで、うちの会社は一皮むけましたね**」

――分裂したライバル会社はどうなったのですか？

「どうなんでしょう。最近はさっぱりですね。噂では社員同士で喧嘩して、分裂したみたいですよ」

では、解答です。

1. 組織に亀裂が入るのは、社長が安堵してから1年以内。

2. 社長が引き金を引いて、右腕が組織分裂の首謀者になる。

3. 分裂した組織は、間もなく解体していく。
4. 社長は成長期の最後……成熟期に入る際には、社内を徹底的にシステム化することが大事。

いかがでしたか？　あなたは当たりましたか？
それでは、この問題について、経営コンサルタントの神崎※ヒロシ先生に解説していただきましょう。

――神崎先生、いったいどうしてこのような問題が起こるのでしょうか？

「これはすべての会社に共通する問題ですね。ほとんどの会社がこのパターンを進みますが、パターンに気づいていないのです。ですから同じ失敗を、それぞれの会社が繰り返すことになります。
会社にはライフサイクルがあるのはご存じでしょう。3分割すると、導入期、成長期、成熟期に分かれます。**組織上の問題は、成長期の後期から成熟期の初めに起こります。**この時期は、会社が生まれ変わらなければならない時期と言ってもいいと思います」

神崎ヒロシ先生：ここでは神田昌典の別名と考えてもらっていい。小説形式のビジネス書としてベストセラーになった『成功者の告白』（講談社）に登場する人物で、起業家である主人公・青島タクが直面するさまざまな経営危機・家庭危機を、見事に解決する名コンサルタントである。

——会社が生まれ変わるとは、どういうことですか？

「要するに、オーナー主導の家業から、企業へ変身していかなければならないのです。家業というのは夫婦でやっているようなビジネスです。それを経営システムに基づいた経営体に変えていかなければなりません。

たとえば、**幼虫がさなぎになって、蝶**になりますよね。幼虫が家業だとすると、企業というのは蝶なのです。企業とは社長個人のエゴから脱却して、システムとして企業を動かしていかなければなりません。**組織の問題が起こるのは、さなぎの時期**ですよね。この時、扱い方を間違えるので、ほとんどの企業は年商10億円を超えられないのです」

——さなぎになり、問題が生じてくるパターンについて教えてください。

「そのパターンも、どの会社も恐ろしく似ていますよ。

まず社長が右腕（実務家）を雇うでしょう。初めのうちは、お互い仲がよい。売上を伸ばすことに精を出します。これがジレンマになります。今までは細かなところに目がいき届いていても、顧客数が増えてくるとミスが増える。サービスレベルが下がります。にもかかわらず、さらに忙しくなる。夜11時になっても会社では電気がついている。
ついに社長についていけなくなり、右腕は社長に頼みます。

右腕『もう限界です。人を雇ってくださいませんか？』
社長『うん、もう儲かってきたから、いいだろう。誰を雇ったらいいかな』
右腕『事務処理が追いつかないので、経理が必要ですね』
社長『よし、それじゃ経理を雇おう。すると、お前はもう伝票、請求書の発行、売掛金の回収なんかの事務作業をやらなくて済むからな』

――そうすると、右腕の仕事が楽になるわけですね。楽になった分、営業ができるようになるんですね。

「ところが、そうは問屋が卸さない。なぜなら社長は次々と新しい仕事を持ってくる。セミナーに出るたびに、新しいアイデアを社内でやろうとする。社内を大混乱に突き落として、そのあと始末を右腕および経理がやるようになるのです。

あと始末のほうが大変だし、時間がかかる。忙しくなれば人を採用するが、すぐ辞めてしまって居つかない。病気で会社を休みがちになる社員もいる。その結果、さらにミスが増えて、社内は混乱状態に陥ります。

にもかかわらず、社長はいつも社内にいない。大変なストレスです。そのうち実務と経理はあと始末の仕事後に飲みに行くようになり、社長の悪口を言い始めるのです。『血も涙もない社長だ』ってね（苦笑）」

――うわぁ、そうすると組織崩壊の引き金を引いているのは、実は社長本人ということになるじゃないですか？

「その通りです」

●「桃太郎」に見る組織の人間模様

――それでは、このような問題が起こるメカニズムというのは、どんなものなのでしょう？　詳しく説明していただけませんか？

「先ほどの社内クーデターの時期ですが、なぜ予測できると思いますか？　それを予測するためには、会社の組織とはどのようなメカニズムで動いているかを知ることが重要です。そこで人間が作る組織の基本的な構造を学んでみましょう。

人を集めてグループを作ると、そこにはどんなグループでも４つの役割を考えることができます。この４つの役割は、**①起業家（軍人）②実務家（魔術師）③管理者（官僚）④まとめ役（統合者）**ということになります。

この役割のうち誰が活躍するかは、会社のライフサイクルごとに、異なります。

創業時は、起業家のエネルギーが必要です。起業家はアイデアがどんどん湧いてきて、それを軍人のようにとにかく行動する人です。創造力、行動力がなければ会社をスタートすることもできないですよね。

ところが会社にはアイデアを具現化していく人物が必要です。これが実務家です。なんでも望んだことを実現する魔術師のような存在でもあります。軍人が『戦車が欲しい』と言うと、魔術師は『はい、分かりました』とランプを擦《こす》って戦車を出すのです。この**起業家のエネルギーと実務家のエネルギーが協力し合うと、会社は成長期に向かって離陸**するようになります。

ですから成長期の前半は、起業家と実務家のエネルギーが活躍することになります。ところが成長期の後半ともなると、その仕事をシステム化・ルール化・ルーティン化していかなければならないので、実務家（魔術師）と管理者（官僚）のエネルギーが活躍することになります。

起業家はこの時期、仕事をしちゃいけないのです。なぜなら起業家は新しいアイデアを実行したくてしかたがありません。ところがシステム化すべき時に、新しいことをやるというのは、車体を組み立てている最中に、車のアクセルを思い切り踏むようなものです。車がバラバラになるのは当たり前ですよね（笑）」

――最後のまとめ役というのは、どんな人なんですか？

「この役割のエネルギーが少ないと、社内はすぐにバラバラになります。どんな人がなるかと言えば、まず社内の恋人役。可愛い女性スタッフですね。社長の奥さんがこの役割を果たすことも多いです。

女性がいない場合には、男性が道化師（ピエロ）になって笑わすことにより、社内のまとまりを保つケースもあります。さらには社内の問題のスケープゴートになったり、自ら問題を起こしたりすることによって、組織のまとまりを無意識的に保つという人も現れます。自分が犠牲になって、組織をまとめるのですから、**まとめ役は愛と勇気の両面を持っているのです**」（次ページ参照）

――う～ん、少し分かりにくいですね。小学生にも分かるように言うと、どういうことなんでしょう？

「分かりました。小学生にも分かるように、マネジメントの本質をお話ししましょう。

昔話の『桃太郎』をご存じですよね。

『♪もーもたろさん、ももたろさん、お腰に付けたきび団子。1つ私にくださいな♪』

会社を作り上げていくための過程は、実は『桃太郎』の内容そっくりです。

桃太郎は、鬼ヶ島に鬼退治に出かけようというアイデアを思いつきます。アイデアを思いつくのですから桃太郎は起業家です。桃太郎が歩いていくと、そこに犬が鬼退治に加わ

組織を動かす４つの役割

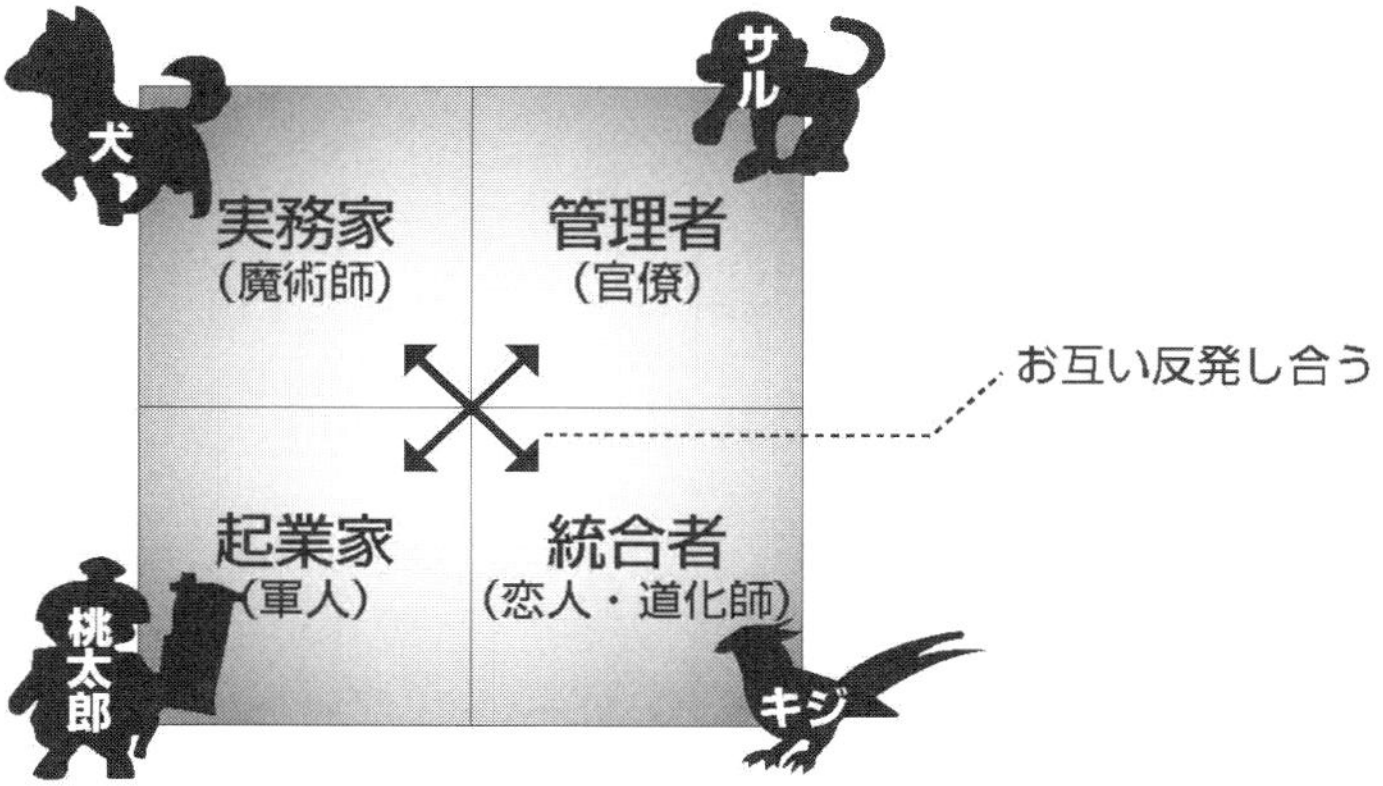

企業の成長段階に応じた役割の変化

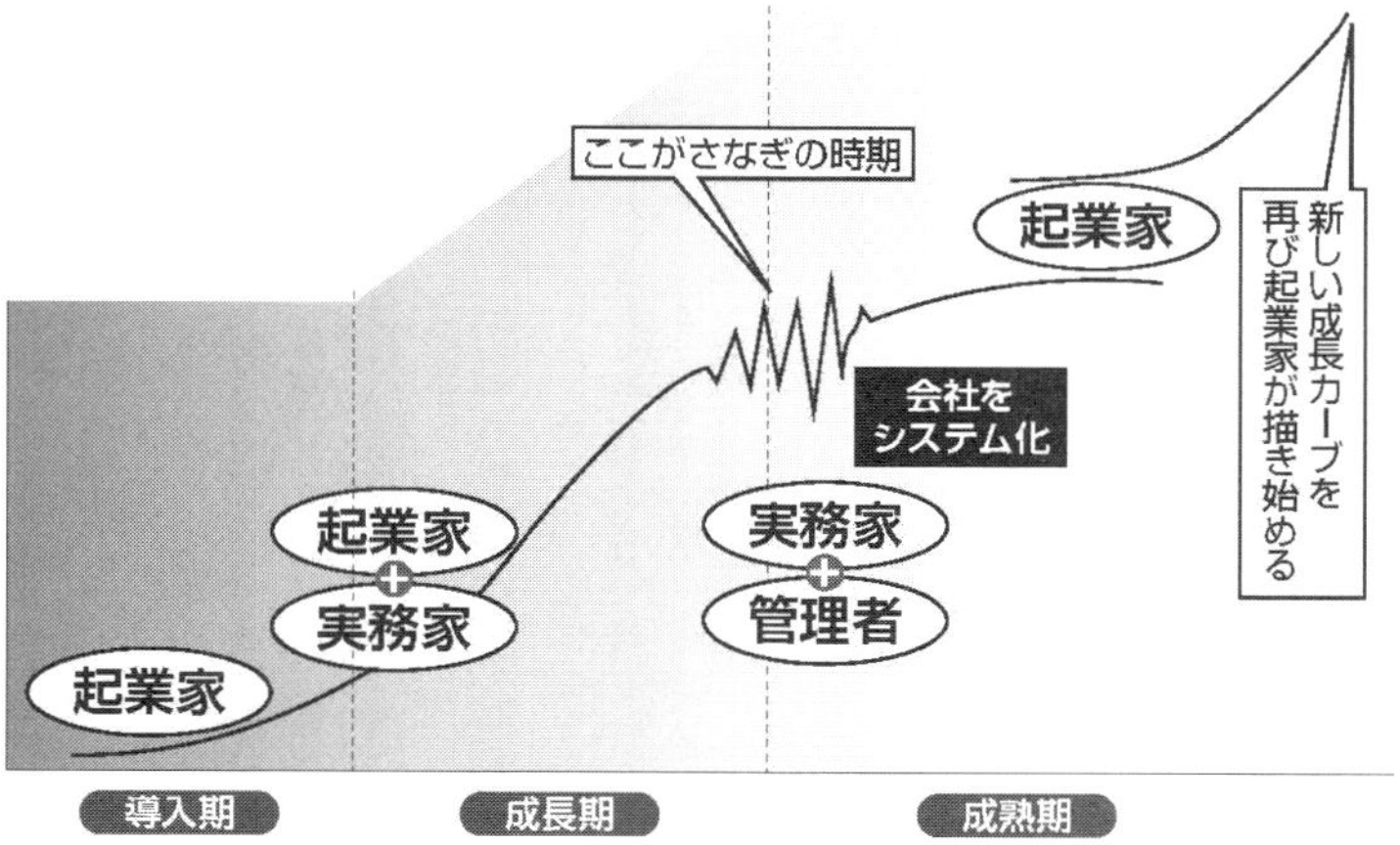

ります。犬は実務家です。主人に忠を尽くします。ところが、あまりに主人が自分勝手だと、飼い主の手を噛むことになります（苦笑）。

次に、サルが鬼退治に加わります。サルは智の象徴です。行動計画を作れますから、システム化が重要な仕事である管理者の役割ですね。最後に、キジです。キジは勇気の象徴ですが、勇気は同時に愛を持って全員に接するので、グループをまとめ上げることができるのです。

要するに、起業家・桃太郎が、鬼を退治するというミッションを持って、実務家、管理者、まとめ役に出会い、最終的に宝を持ち帰る物語が桃太郎なのです。会社経営においても、桃太郎の物語と似たような役回りで、組織が成長していくわけです。

ほとんどの企業が、このような物語のシナリオに基づいて動いているのですが、状況状況に振り回されて、シナリオに載っているのに気づける人は誰もいないのです。ですから、誰も警告シグナルを出さず、適切な準備もしないですから、同じ落とし穴にはまってしまいます」

――ということは、社長は成長期から成熟期に入る前に、会社をシステム化していかないと、成熟期に入ったところで、数々の障害にぶつかるということですか？

「その通りです。そしてシステム化を完了するまで、その問題は深刻化することになります。ここで難しいところは、ほんとは**このタイミングでは、売上アップを犠牲にしてでも、会社のシステム化に注力しなければならない**ということですね」

——桃太郎は鬼退治で宝を持ち帰りますが、これを企業に照らし合わせてみると、敵と戦うミッションを持って、利益を持ち帰るということとダブりますよね。（次ページ参照）

「その通りです。**桃太郎というのは、実は、会社経営のための教え**でもあるのです」

●4つの役割がうまくいく会社、いかない会社

——全体像は分かりました。しかし、このパターンに当てはまらない会社も多いでしょう？

「そうですね。あと2つほどパターンがあります。

企業の成長段階に潜む落とし穴

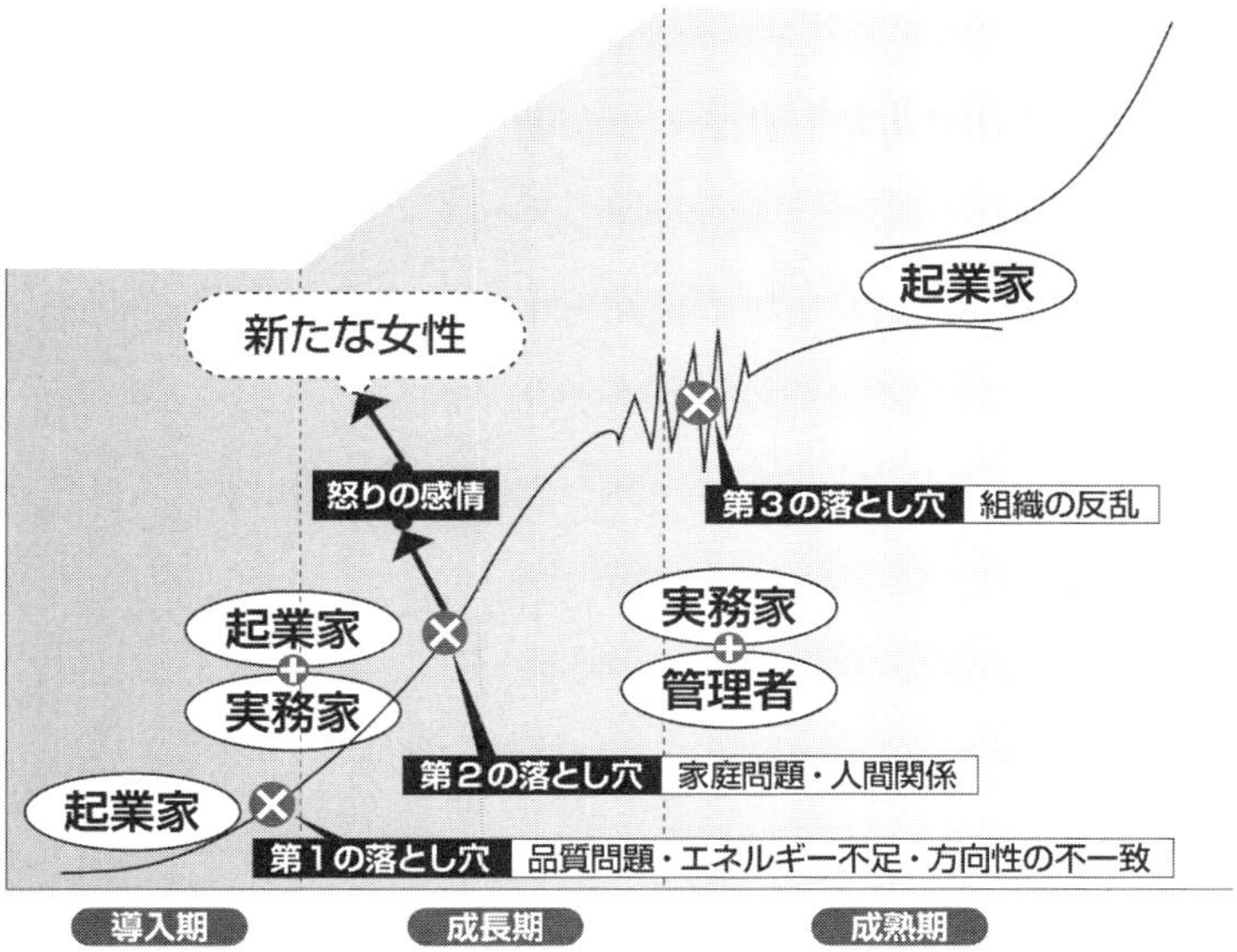
起業家
新たな女性
怒りの感情
第3の落とし穴　組織の反乱
実務家
管理者
起業家
実務家
第2の落とし穴　家庭問題・人間関係
起業家
第1の落とし穴　品質問題・エネルギー不足・方向性の不一致
導入期
成長期
成熟期

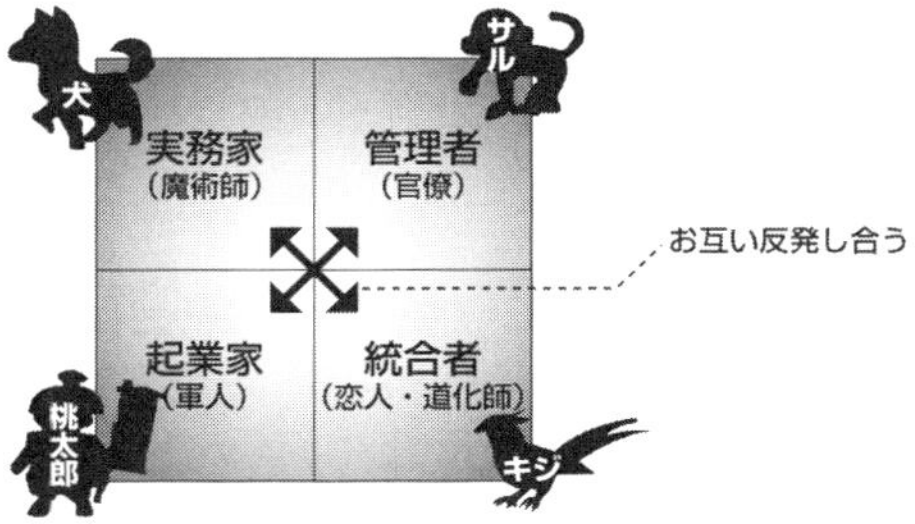
犬
サル
実務家
（魔術師）
管理者
（官僚）
お互い反発し合う
起業家
（軍人）
統合者
（恋人・道化師）
桃太郎
キジ

実務家が起業家に謀反《むほん》を起こさない場合には、組織の中で**誰も起業家の独走を止めることができません**。すると会社はいつまで経ってもシステム化できないので、会社の商品・サービス基準が低いままに留まり、成熟期に移行できません。よくあるのは、年商8億までいった会社が、『よし来年は年商10億だ』と走り出したとたん、この問題が起こって、また年商6億まであと戻りするというケースです。要するに、上がっては下がる……の繰り返しで、いつになっても年商10億を突破する会社にはなれません。

この場合は、経理が居つかないことが特徴です。経理（管理者）は、規則好きで、混乱が大嫌いです。逆に、起業家は自由が好きで、混乱が大好きです。ですから、**お互いは会社の中でももっとも反発し合います**。そのため起業家のエネルギーが強すぎると、会社では管理部門が弱体化して、いつになってもシステム化することができず、家業のままに留まります。つまり、カリスマ社長は、創業時はいいですが、2代目が活躍するようになると正直、**迷惑な存在**です」

――2つ目のパターンは、どんなものですか？

「もう1つのパターンは、実務家と管理者が非常に強い場合です。この場合には、起業家をほっぽり出します。気づいた時には会社を乗っ取っているというケースもあります。乗っ取られる場合、起業家はどうなるか。乗っ取る側と契約がきちっと結ばれた場合、起業家は自分から会社を出て行くというチョイスをすることがあります。

起業家というのはどうしてほっぽり出すことに躊躇《ちゅうちょ》がないのか。それは自分はゼロになっても、もう1回会社を作ればいいと思っているから会社にしがみつかないのです。

その際、会社に残るのは実務家と管理者です。この場合は、システムや規則が非常に厳格になり、**組織の硬直化が急速に進む**ことになります」

――逆に、うまくいくパターンというのは？

「これは社長が、このような組織発展の重要な段階を知っているかどうかということです。社長が知っていれば、落とし穴がくる前に、スピードを落とし、会社の目的をシステム化に変更します。そして自分は休憩し、遊んでいるわけです。その間、社内ではシステムがしっかり構築されます。

社長は遊んでいるうちに、また新しいアイデアが浮かんできます。すると社内でシステムがきちんと回り始めた時を見計らって会社に戻り、今度は、また新しいアイデアで成長事業を始めるわけです。

このように直感的に動いている企業が永続的に成長する企業ということになります」

——へぇー、これは社長にとっては朗報じゃないですか？　遊びが正当化されますから。

「そうですね。流れに乗っている会社は、**よく仕事をし、よく遊びながら、成長していくわけです。**

ところが、このような流れに乗っていない会社は、遊んでいる余裕もない、そのうちに成熟期がきてしまって、**収益力も組織力もないという大変な状況**になります」

——いったい、なぜ分裂したライバル会社は、うまくいかないのでしょう？

「それは分裂して出て行った組織は、実務家と管理者のエネルギーはありますが、起業家のエネルギーがありません。だから新しいことを始めることはできない。ですから、つぶれるのは時間の問題ですね」

――ちょっと分からないのですが、会社には４つの役割が必ず必要だということですか？「私の会社は現在２人しかいない」と言う方もいると思うのですが……。

「はい。４つの役割があるからといって、最低４人の社員が必要というわけではありませんよ。その役割は、１人の社員が兼ねることができます。

たとえば創業当初は、社長１人で何役もやっていますよ。それが成長に従って、分化してくるわけです。

分化してしまうと、それに応じて摩擦が大きくなる。今までは社長の内部で、それぞれのエネルギーが葛藤《かっとう》を起こしても、社長１人が統合していったわけです。１人の内部で帳尻を合わせていたわけですね。社員が複数人数になると、必然的に摩擦は起こる。そこで統合する役割がとても重要になってくるんです」

――ということは、統合する役割をどう社内に定着させていくかということと、システム化をどう進めるかということが重要なんですね。

「はい。それができるようになると、どんな会社も、家業から企業へスムーズにシフトできるようになります」

――これは画期的じゃないですか？　日本の法人の90％が、そのシフトがスムーズにできないから零細家業に留まっているのでしょう。

「ありがとうございます。私も画期的な話だと思っておりますが、このような成長期の問題を経験した会社の人しか、なかなか理解していただけないところが悩みです。

でも私が強調しておきたいのは、どんな会社でもいずれ、この成長期のジレンマを経験するということです。子育てと似ているのですが、思春期になって家庭内暴力をする息子がいる。この問題は、いつから生じていると思いますか？」

――それは幼児期からですよね。

「その通りです。問題が生じる思春期まで待っていたら遅すぎるのです。ですから社長はマネジメントについての知識を、起業の際から持っていなければなりません。

また、起業家が経験する問題は、これだけではありません。成長カーブに沿うように、大きな〝落とし穴〟が待っているのです。

その落とし穴は、ビジネス上だけの問題ではなく、家庭、それから人間関係にまで及ぶことがあります」

――それは大変重要な問題ですね。ぜひ、教えてください。

「それでは、成長カーブごとに訪れる起業家の落とし穴を、1つひとつ学んでみましょう」

●「サラリーマン的」ではうまくいかない理由

第1の落とし穴：導入期→品質問題、エネルギー不足

「まず創業すると、成長軌道に乗る前に半分以上の企業は失敗します。それはビジネスのアイデアがどんなに優れたものであっても、同じです。

大きな原因は2つあります。

1つ目が『品質問題』。

2つ目は『適切な資質を持った人材が集まらない』ということです。

まず、『品質問題』の例を挙げましょう。

以前、私のクライアントがある商品を見つけてきました。

彼は『これは、イケる』と直感的に考えて、感情マーケティングを使ってダイレクトメールを出したんです。

すると、とんでもない反応率が出た。

これは全国制覇できると、商品仕入れを本格化したのですが、この会社は……1年以内に清算されてしまったのです。

私も当時は未熟だったので、この反応率なら絶対にイケると踏んで、『どんどんやりましょう』とアドバイスしてしまいました。苦い思い出です。

何が起こったのかというと、商品を出荷し始めてみると〝当初期待されていた品質とは全然違う〟ということが明らかになったのです。メーカーの問題だったわけですが、その商品が販売できないということになり、会社は清算されてしまったのです。

起業家は、このようにアクセルをいきなり踏んでしまう傾向があります。これはうまくいきそうな時に、よくある出来事です」

――本来ならば、車を組み立てたあと、テスト走行しなければならないのに、いきなり全速力で走らそうとするのですね。

「その通りです。この落とし穴は、気をつけることによって、十分回避できるはずです」

――2つ目の原因「適切な資質を持った人材が集まらない」というのは？

「これは実務家のパワー不足です。起業家は夢を語る天才です。反面、現実を見ないことについても天才です。その夢を形にする人が実務家なのです。もちろん創業者が、何から何まで、自分ひとりでやる時期があることから分かるように、1人の中に、起業家と実務家のエネルギーが同居している場合もあります。

そこで一番問題になるは、起業家が自分で立ち上げた本業に加えて、新規事業を開始する場合です。

起業家は、自分の部下を新規事業の中心に据えます。この新規事業が立ち上がるためには、この事業に対して命を賭《か》けるというぐらい覚悟を決めている人物が必要です。要するに、立ち上げるために1週間でも1カ月でも会社に寝泊りしてもいいという気概のある人物が必要なのです。

ここで失敗するのは、サラリーマン的に新規事業を立ち上げようとする人物を中心に据えてしまうことですね。新規事業を作った会社の社長は本業で忙しくて、『お前にまかせただろう』というふうになる。社長は中途半端、事業をまかせた部下も中途半端。こんな立場ではうまくいくはずがない。**命を賭けるほどの情熱を持って取り組む人間がいるか**どうかがポイントです。

さらに立ち上げた時から、きれいな事務所にするとうまくいきません。ある大会社の社長が新規事業を開始した時に、その新規事業部にはダンボールの机しか与えなかったそうです。それは道理にかなっています。創業期のビジネスは、貧乏を味わうことが後々とても役に立つのです」

――では、これら第1の落とし穴を避けるためには、どうしたらいいのでしょう?

「簡単に言えば、夢中になって取り組む人間を中心に置くということです。実は、もっと優れた方法もありますが、それについては、今説明するよりは、次章であらためて説明したほうが分かりやすいので、もう少し待ってください」

●なぜビジネスの成功は、家庭の危機を生むのか？

第2の落とし穴　成長期前半→家庭問題、夫婦問題

「導入期から成長期にやっと離陸できると、次にまた、すぐに落とし穴がきます。それが、家庭の問題です。夫婦関係が悪くなったり、子どもに問題が発生したり……といったことが起こりがちなのです。

ひと言で言えば、ビジネスの成功が、家庭の危機を生む、ということです」

――えっ、ビジネスの成功は、家庭の危機を生むんですか？　家庭を幸せにするために、ビジネスを成功させようと思っているのに、結果は違うんですか？

「はい、はっきり言いますが、それほど単純な話ではありません」

――なぜビジネスがうまくいき始めると、家庭に歪みが出るんですか？

「普通に考えれば、今まで貧乏だった家庭が、事業が成功して豊かになると、夫婦ともどもハッピーになるはずですよね。でも現実には、貧乏だった家庭が豊かになると、今度は家族に亀裂が入ります。

これは理論で説明できます。

そもそも人間は、集まった時にはそこでの感情のバランスを取ろうとしています。簡単に言えば、超プラス思考の人がいれば、それとバランスと取るように、超マイナス思考の人が生まれます。これはエレベーターが上に上がる時には錘《おもり》が下に下がる、腕を曲げる時に上の筋肉が収縮すれば下の筋肉が伸張する……ということと同じぐらい確実なことと考えていいでしょう。

このような力学は、家庭でも存在しているわけです。

夫が会社で成功して、『やぁー、今日はこんないいことがあったぞ！　こんなにいい取引があってね』と言って、奥さんは喜べるかと言えば……そうではありません。

理性では、一緒に喜んであげなくてはならないと思っています。ところが、感情では喜べないのです。

『あなたばっかりいい思いをして』『私が家の面倒を見ているから、うまくいったのでしょう』と寂しい気持ちを持つわけです。

つまり成功すればするほど、パートナーである奥さんは、〝引き離されている〟という感情を持つのです。

ですから奥さんとしては、夫がどんなにうれしくても〝そのうれしさを共有できない〟ということになります。

うれしさを共有できない奥さんを見て、夫はどのように感じるか？

『こんなに俺がやっているにもかかわらず、妻は俺のやっていることを全然認めない』『俺のことは放っておいて、子どものことばかりだ』

このように段々、妻に対して怒りを感じるようになるわけです」

――今までそういう観点で見なかったから分かりませんでしたが、たしかに、言われてみれば、そのような家庭は多いですね。

「さらに問題を複雑にすることがあります。

それは、夫が妻に対して怒りを持つと、なぜかそこに〝新しい女性がふっと現れる〟ということです。

　これを心理学的に説明するならば……夫の心の底にある女性性（アニマ）と男性性（アニムス）が、ビジネスの成功により拡大することが挙げられると思います。その拡大した女性性と男性性に合致するような女性が現れるのです。

　まぁ、理論で説明するほどのことでもありません。おそらく、みなさんも周りの人を見ていて思い当たる節があるんじゃないですか？　単純に、羽振りが良くなった経営者は、女性と接する機会が増えますからね。

　典型的な起業家の場合、周りにいる女性は自分の会社のスタッフが多い。だから、その女性スタッフと付き合い始める。意外なほど多いですよ、このパターンは。本人は隠しているつもりなんだけど、周りの人から見ると、社長とデキてることは、明らか。知らぬは本人ばかりです。それがめでたく再婚ということもありますし、ぐちゃぐちゃになって社員の心が離れていく場合もあります」


――その場合は、社員と付き合ってはいけないということでしょうか？

「道徳的にはもちろんそうですが、恋は交通事故のようなものですから。そのような関係を経て再婚をして、幸せになる人だって多いのです。ですが一時的にビジネスが停滞するリスクはあるでしょうね。だって家族はごたごた、そんな中で割り切ってビジネスにエネルギーを注げるかどうか？　自分自身が判断すべきですね」

——子どもの問題についてはいかがですか？

「子どもがいる場合、さらに複雑になってきます。成長期に入ってくると、夫婦関係が悪化するリスクが増えますよね。こうした家庭の子どもはどのように振る舞うかというと、無意識に家庭を安全な場に保とうとする。つまり、夫婦の愛情を取り戻すために、役割を身に付けるのです。

簡単に言うと、**子どもは、すごく良い子か、すごく悪い子になります**。

たとえば、子どもが2人いた場合、1人が良い子になって、もう1人が悪い子になる。良い子のほうは、学校で成績がいいと自慢すること、親の言うことをよく聞くことで、夫婦の絆を取り戻そうとする。

2人とも良い子だと、家庭には何の問題もないことになる。そうすると夫婦の絆は弱くなるから、もう1人の子どもは悪い子になる。親の言うことを聞かなかったり、不登校になったり、ケガや病気をして、夫婦の会話を増やそうとがんばる。

この役割は変わる場合があります。1人の病気が治れば、もう1人が病気になる。悪い子が家出をすれば、家に残った良い子が悪い子になる。このように役割を分担し合って、家族を同じ状態の中に引き止めようとします。

もちろんこうした子どもの行動は、すべて無意識です。だから『子はかすがい』とはよく言ったもので、子どもは親の夫婦関係を良好にするためのカウンセラー役を無意識でやっているのです。

この辺の、子どもの役割については、ぜひ、斎藤学先生の『アダルト・チルドレンと家族』（学陽書房刊）の103〜106ページをお読みになることをお勧めします」


――つまり子どもの事故や病気にも、夫婦関係が影響を与えているということですか？

「すべて夫婦関係が原因だとは思いませんが、無視できない影響があるでしょう。子どもの精神的な病気や情緒の不安定は、その傾向が大ですね。

ある塾の先生が言っていましたが、子どもの成績を伸ばすためには、親を教育し直すほうが早いとのことです。ある幼稚園の先生も、良い子を育てるための父親の仕事の8割は、母親の精神的な安定を保つことだとおっしゃっていましたよ」

――なぜこんな深刻な問題が知られていなかったのでしょうか？

「それは誰も経営者と家庭との関連性を考えなかったからでしょう。考える必要すらなかったわけですよね。高度成長期は、単純にお父さんが家にいなくても、子どもも奥さんも、収入が上がれば家族は幸せになれるという幻想を持っていたわけだから。

だから、定年までは我慢ができる。ところが定年になってみると、家は少しは豊かになった。しかし心は豊かにならなかった。そこで熟年離婚が起こる。

さらにね、カリスマ経営者は、**経営の面でカリスマであっただけで、実は家庭は破綻《はたん》しているケースも多い**んです。

なぜかと言えば、これも先ほどの原則です。家庭では、1人がプラスに振れすぎると、1人がマイナスに振れるということです。

さすがに、どんなカリスマだって、こんなダークな部分は誰にも語らないだろうし、マスコミも取り上げることはない。だから光の部分ばかりが強調されていますが、光が当たれば、同時に影も濃くなるわけですよね」

――いったいどうすれば、この落とし穴を避けられるのでしょうか？

「残念なことですが、避けることはできるのかと言えば、それは私も良く分かりません。山があれば、谷がありますよね。その山と谷はなくせないでしょう。ただ、その山と谷の乗り越え方は上手になるかもしれませんね。

私は、可もなく不可もなくという人生がいいかと言えば、そうだとは思いません。だから時には**障害に、自ら進んでいくことも大事だ**と思っていますよ。しかしね、自分が障害に遭うのは一向にかまわないけど、家族まで巻き込みたくないとは思っています。

そういう意味では、**知識こそ力になる**と思います。

たとえば、自分が成功した時、『僕の成功はキミのおかげだよ』と心から妻の立場に対して、ねぎらいの言葉をかけるとしたら、それだけで大きく状況は変わってくるんです」

●あなたの問題が、孫まで続く

――ということは、知識を持つだけで、問題は解決できる？

「もちろん問題は解決しやすくなると考えています。そして、このような感情のメカニズムが分からないと解決はほぼ不可能だと思います。ほとんどの家族が、実は死ぬまで、いったい自分の家族がなぜ問題を抱えていたのか分からないままに、他界してしまうのですから。

それだけ問題の根はもっと深いのです。実を言うと、この歪みは1世代で終わるわけではなく、数世代にわたって引き継がれていってしまう。つまり、あなたの世代の問題が、子ども、孫の世代にまで引き継がれてしまうわけですね」

――家族の問題が、遺伝するわけですか？

「その通りです。経営者に絞って考えてみましょう。

この図は、斎藤学先生の『アダルト・チルドレンと家族』の図を参考に、私が経営相談の中から実例をベースに書き直したものです（次ページ参照）。

本来の図は、アルコール依存症の人たちの家系図だったのですが、私のコンサルティング経験から、アルコール依存症を〝仕事依存症〟に置き換えてみてもほぼ当てはまること

世代にわたって引き継がれる仕事依存症

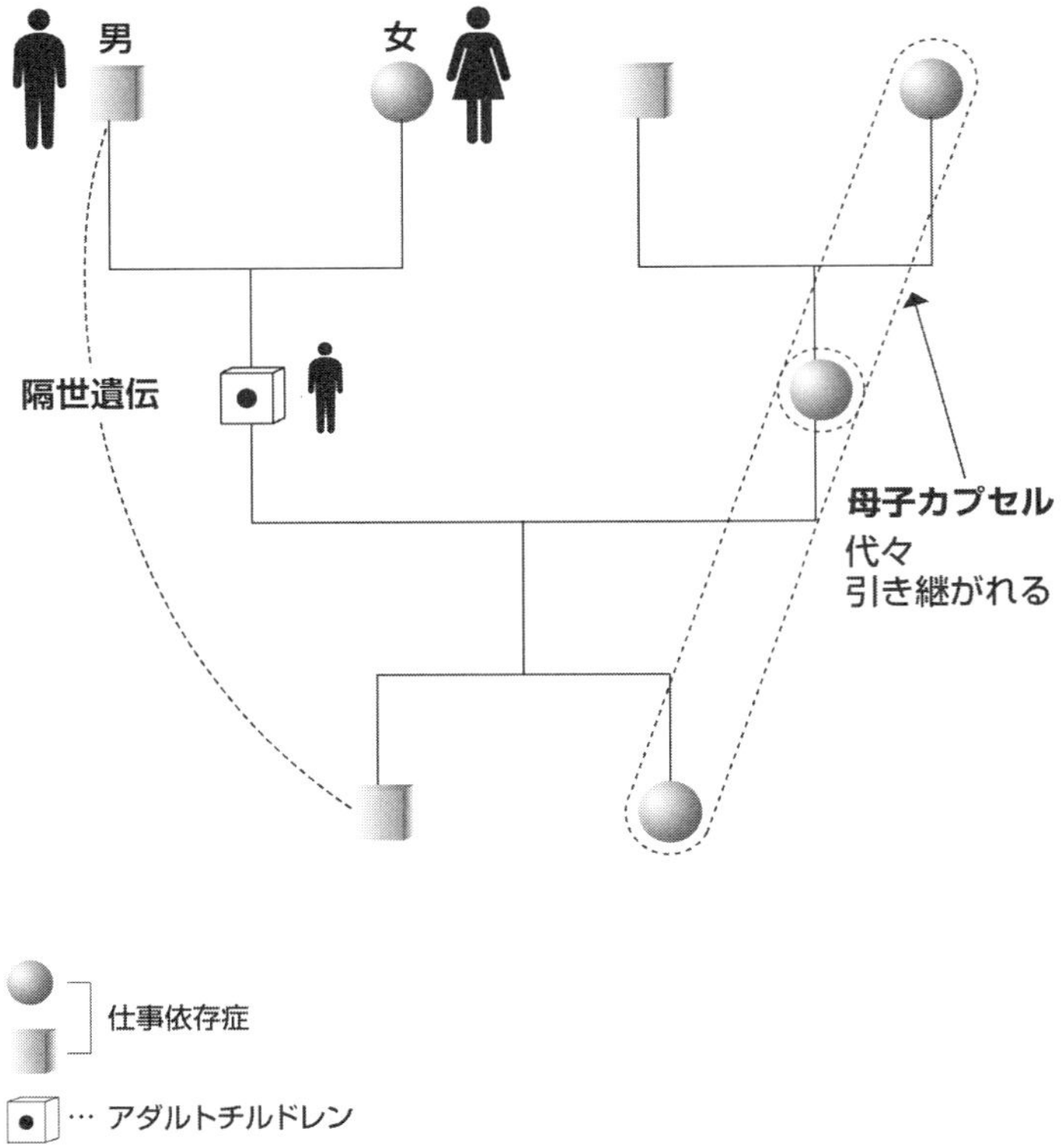

が分かっています。この四角が男性、丸が女性、黒丸は〝仕事依存症〟。たとえば、仕事依存症の男をお父さんに持った子どもはどうなるか。自己評価が低い。楽しめない、遊べない。表情に乏しい。楽しくないのに、楽しい振りをする。怒っているのに気にしない振りをする。他人から評されても、自分が無価値な気持ちがする……といった特徴があります。

ですから、創業者やカリスマ経営者を父に持つと、けっこう大変です。父は自分に厳しい。だから息子に厳しく接する。すると息子は自分には価値がない、自分はダメなんだ、という意識を子どもの時から植え付けられます。なぜ父親がこれをやるかと言えば、息子が自分を超えると、自分の価値がないことが明らかになるので、それを抑えているわけです。

つまり、息子（部下・妻）を自分に依存させておくことによって、初めて心の癒しを得ることができます。

創業経営者は自分の癒しのために、周りを依存させるわけですが、依存させられたほうは大変です。

これが典型的には、2代目経営者の問題ですね。創業者は、2代目経営者を『お前はまだだな』と言って常に依存させるような傾向にある。すると創業者と一緒に会社を立ち上げた周りの幹部連中も、２代目を『お前はまだまだ甘ちゃんだな』『甘ちゃん経営者』と見るようになる」

――ここに「２代目経営者の悲劇」があるんですね。これは中間管理職もまったく同じ図式じゃないでしょうか？

「その通りですよ。実は、２代目経営者も、中間管理職も、創業経営者以上に優秀じゃないとやっていけません。

創業社長は前向きなことばかりやっているから、現場は混乱する。その混乱の火消しをするのが、２代目経営者や中間管理職なわけです。

だから精神的に板挟みにあい、とっても辛いはずです。

このような2代目社長は、家に帰っても、奥さんから信頼されない。子どもにも、『おじいちゃんはすごいけど、お父さんはたいしたことない』と思われてしまうんです。

すると、２代目社長は、会社でも家庭でも居場所がない。すると唯一、心のバランスを取れるところが、遊び。そこでゴルフ三昧の日々か、外に女性を作ることになるわけです。

３代目社長は、そういう親を見ていますから、おじいさんの資質を引き継いで、今のままじゃダメなんだ、とやる気満々の仕事依存症になってしまう。つまり**仕事依存症は、男性の場合には、隔世遺伝する**ことになります」

――女性経営者の場合には、どうなるんですか？

「女性経営者の場合には、次世代に遺伝していくことが多いように感じます。周りを見ると、お母さんが有能な経営者だと、娘もまためきめきと実力を発揮しているようです。ただ、どちらとも仕事依存症です。そして結婚する場合には、生活力のない人と恋愛するようになります。なぜなら、『あの人はダメだから、私がいないといけないんだわ』と依存させることができる男にしか、燃え上がらないからです。

すると、その男はどんどん依存するようになり、さらにダメ男になっていく。その結果、〝お母さんのように結婚に失敗したくない〟と思っていたのが、知らず知らずのうちに、お母さんと同じ行動をするようになっているわけです」

●「開き直り」が道を拓く？

――家庭問題については、本当に根が深そうですね。

そのほかには、落とし穴はありますか？

第3の落とし穴　成長期後半〜成熟期→組織の反乱

「紹介の順番は前後してしまいましたが、『会社組織が崩壊するタイミング』（80ページ〜）に書かれた、『組織の反乱』が、第3の落とし穴です。会社が生まれ変わらなければならない時期……〝さなぎ〟の時期に起こる、組織の崩壊。

ここでは、例の『社内の4つの役割』を知っておく必要があります。ここは家業が企業となるための、マネジメントの最重要事項です。もう一度、それぞれの役割を十分理解してください」

――成長カーブに応じて落とし穴がある……。こういうことを知ると、経営者は独自の判断で、独自の経営をしているように見えて、実は、大きな流れの中で動く小船のようなものなのではないでしょうか？

「たしかに、ほとんどの経営者は、自分で自分の人生の舵取りをしているように思っていながら、実は、**単なる典型的なパターンに翻弄《ほんろう》されているだけ**なのです。

ただ重要なことは、それでも私たちは**運命に支配されているだけではない**ということです。われわれは自らが決定しているのです。ですから、自分の船の舵取りをしっかりやっていくためにも、大きな流れを知らなければならないのです。

パターンを知れば、パターンを乗り越えることができる。これが知識の力だと私は思っています」

――こうした〝落とし穴〟を避けるためには、どうしたらいいのでしょうか？

「落とし穴は避けられません。避けられませんが、その障害を〝乗り越える〟ことはできます。われわれができることは、障害を避けることではなく、障害を受け止め、乗り越える方法に習熟することですね。

乗り越えるための鍵となるのが、**会社の成長段階に応じて、適切な人材エネルギーを使**

い分けることです」

――その必要となる人材エネルギーの順番が、桃太郎の物語に出てくる配役の順番と同じということでしたよね？

「その通りです。まず起業家である桃太郎が、鬼退治というアイデアを思いつく。それに協力するのが忠犬である実務家。ちなみに実務家は右腕と言われていますよね。右腕とは英語でも同じように、ライトハンドマンと言います。由来は、**お尻を拭《ふ》く手**ですね。要するに、起業家の尻拭いをするのが、実務家である右腕の役割なのです（笑）」

――はっはっは。尻拭いですか。表現は悪いけど、たしかにその通りですね。

「この桃太郎と犬が出会うと、第1の落とし穴を脱して、成長期に移行します。成長期になると、今度は、事務処理の管理が重要になってきますから、智の象徴であるサルと出会うことになります。サルは会社をシステム化していくことが仕事になります。システム化するためには、あとで説明しますが、会社がまとまっていなければなりません。そこで、まとめ役であるキジが必要になってきます。

サルとキジがそろえば、会社のシステム化が完了。第3の落とし穴の回避ができます。鬼退治ができて、宝を故郷に持ち帰れるわけです」

――ちょっと待ってください。第1と第3の落とし穴の回避法は分かりました。第2の落とし穴である家庭問題の解決法が抜けていますが……。

「桃太郎は、結婚しておらず家庭がないので問題になりません（笑）。……いや、桃太郎が結婚していたとすれば、夫は妻をせっせとねぎらい、精神面のサポートに努めるでしょう。そうすると、子どもの精神面も安定しますから病気にもならず、不登校にもならず、いい家庭になります」

――しかし、会社経営でめちゃくちゃ忙しい時に、どれだけの人が妻をねぎらうことなんてできるんでしょうか？

「はい。私も経験がありますから、正直に言いますと、かなり困難です。事業を立ち上げるのは、多大なエネルギーが必要になります。生まれたての赤ちゃんと同じですから、当初は24時間、目を光らせていなければ、立ち上がらないのです。
にもかかわらず、その段階で家庭まで目を光らせることは、妻（配偶者）の協力がなければできないですよね。それだけ優秀な経営者の奥さんは、辛抱強く、広い目で世の中を見ている人が多いのですよ。
ですから、成功した人の奥様に会うと、さすがに人が違います。正直言って、創業者より優秀なケースが多い。よく男の創業者が事業を立ち上げたあと、ぽっくり亡くなってしまうことがあるでしょう。すると悲しみにくれていた奥様が、社長になって引き継ぐ。周囲は『奥さんが突然、社長になって、この会社は大丈夫か？』なんて心配するけど、心配無用。夫がいなくなって奥様が社長になり、会社は急速に伸びる例が多いですよ」

——経営者が配偶者をねぎらえないなら、どうしたら家庭問題は解決できるのですか？

「1つにはね、人生のサイクル上、家庭が大事な時期、つまり子どもが小さい時期には、できるだけ仕事しないことですよ。そのように人生設計することです。つまり、子どもが生まれるまでには、会社がほとんど手離れできるぐらいのシステムを作っておく。もしくは財産を築いておく。

まぁ理想的な解決策ですが、現実的には、これが成し遂げられた人は非常に少数ですね。

もう1つは、**問題があったっていいじゃないか、と開き直る**ことです。問題が生じても、それは自分の人生にとって必要事項だと開き直って、その問題に立ち向かう勇気を持つことです」

――開き直る？　そりゃ経営コンサルタントらしからぬ、ご発言ですね（笑）。

「はい。人生はそもそも矛盾を抱えたものです。その矛盾を内包しているから、その人が成長するために、障害という形で課題を提出する。その課題に対して、結果を自分の意志で選択していくことが大事なのです。仕事を重視する人生を選択するか、家庭を重視する人生を選択するか、それともバランスを重視する生活を選択するかです。

完璧主義は必要ありません。問題を完璧に取り去ることはかえって不自然です。

昔、仏教では、お坊さんが受戒《じゅかい》する際に、認定のために問題が出されたんですが、その際には百点満点を取ってはならなかったそうですよ。**完璧になれば。また歪む**のです。

第3章

組織が安定的に成長するために

前章に引き続き〝神崎ヒロシ先生〟の講義が展開されます。

本章はズバリ「組織の問題・解決編」。

「バカを量産するシステム」って何？「社員の背中に電流が流れて、ゾクゾクとさせる」には？「マネジャーの定義」は？

そして「会社と社員を同時に幸福にするシステム」とは？

●組織の継続成長の鍵を握る「キジ」役

――それでも、会社の経営者であれば、バランスよく、安定的な成長を望むと思うのですが、それを実現するためには、どうしたらいいでしょう？

「会社がスムーズに成長できれば、家庭にもあまり負担がかからないですよね。そこで、もう一度、会社をスムーズに成長させるためには、どうすればいいかという基本的な問題に戻ることにしましょう。

組織を分裂することなく継続成長させるためには、桃太郎で最後に出てくるキジ……愛と勇気の象徴が、非常に重要です。

言い換えれば、キジというのは〝まとめ役〟ですね。まとめ役を育てることができると、組織は分裂がなく、コミュニケーションもスムーズになります。1つの会社を大きくすることもできるし、逆に1人で複数の会社を経営できるようにもなる。すなわち、社長というよりも**ビジネスオーナーとして活躍する**というような力量がその人に根付いてくる。

小さな会社の場合のまとめ役は社長の奥さん、または社内の若い女性がなることが多い。

癒し系の可愛いタイプが多い。社長がどんなに独走しても、そんな女性がこっそり社員に気遣いやねぎらいをしてあげるからこそ会社が回っていく。この存在がいないと、社内はギスギスした雰囲気になって、楽しくないので仕事も能率も上がらなくなります」

――まとめ役は、会社のどの段階で必要になるんでしょうか？

「会社の創業期で、社長が1人何役もこなしている場合には、まとめ役は必要ないです。会社が創業まもない場合には、同一人物の中にいろいろな役割が入っている。つまり、1人の人間が、ある時には起業家になり、ある時には実務家になり、ある時には管理者になります。1人が縦横無尽に必要な役割をやっているのです。

この時期には、当然まとめ役は必要ありません。なぜなら1人で決定しているから、自分自身がまとめ役になっている。

ところが、会社がどんどん大きくなっていくと、1人ではやっていけません。そこで、桃太郎のように、イヌやサルを集めるようになるわけですが、それぞれはまったく違った資質の持ち主なのです。

このような違った資質を持った役者は、それぞれの思惑や利害関係に応じて仕事がうまく進むように自己主張し始めます。すると当然のことながらお互いが対立するようになる。こうした異なる要素を持ちながら、成長が加速するとどうなるか？

車でたとえれば、車のアクセルを踏んだとたんに、ハンドル、エンジン、タイヤがバラバラになって壊れてしまうのです。スピードを上げても壊れないようにするためには、それぞれの部品（役者）をしっかりまとめ上げられる存在が必要なわけですね。ですから会社がうまくいって、その成長がスピードアップすればするほど、まとめ役は重要な役割になってくるのです」

●脳のメカニズムに合った人間改造法

――それでは、まとめ役を育てるためには、どうしたらいいのでしょう？

「小さな組織では、奥さんや女性スタッフでＯＫなのですが、大きな組織なると女性の魅力だけではどうしようもありません。しかも社内で女性の奪い合いに発展なんかしたら、かえって分裂します。組織が大きくなってくると、まとめ役として『ＥＱ』（感情知性）の高い人が必要になってきます。

ＥＱが高い人というのは、感情が分かる人。『ＩＱ』、要するに知的で合理的な思考ができるだけでは十分ではなく、さらにお客や同僚の感情が分かるマネジャーが必要なのです。誤解を恐れず、分かりやすくするために言い換えれば、**ＥＱが高いマネジャーとは、人格が高いマネジャー**ということになるでしょう。当然、上司として尊敬できる人であれば社内はまとまる。ですから問題は、尊敬できる上司は、どうすれば育てられるか？

尊敬できる中間管理職、尊敬できるリーダーをどうやって育てることができるのか、ということですね」

――そんな人格を高めるなんてことができるんですか？　人格が備わっている人を採用したほうが早いのでは？

「たしかに、そう思います。自分で部下を育てることを放棄すると、社長は『どこかにいい人はいないか』と探し回ることになります。しかし、結論から先に言えば、そんな人は絶対にいません。社員は、社長の器に合った人しか集まってきません。社員は、社長にとって必要な課題を与えるために、その会社に集まってくるのです。

会社が家業から企業に進化する場合には、システム化が必要ですよね。するとシステム化が必要であることを気づかせる社員、すなわちポカミスしがちだったり、病欠しやすかったりする社員が集まってくるわけです。このように、マイナスを持ち込んでくれる社員がいるからこそ、それを乗り越えた会社は、成長が加速するのです」

——ということは、家業が企業へ変化するための条件とは、社内で人を育てられる仕組みがあるかどうかが鍵ですね。

「その通りです。社内で、中間管理職を育てる仕組みがあれば、会社は飛躍的に成長します」

——そのために大事なのが、人の気持ちが分かって、行動できるEQ（人格）の高さということですが、それを高める方法は？

「私の考えでは、会社運営に必要な人格の高さは、ある程度、メカニカル（機械的）に作れるんじゃないかと思っています。これができたらいいですよぉ。なぜなら日常業務をやりながら、人格が磨けていくのですから。ある意味、こんな理想的な学校はありません。尊敬される上司を作るためには、どうすればいいか？　しかもそれを効率的に、短期間で行うためには？

脳の構造を理解すると、その方法が分かります。

脳には、学習する部分が２つあります。倫理、道徳、価値観、行動基準などの情動に関する学習をする場合には、大脳辺縁系（感じる脳）を使います。それに対して知識……たとえば経営であれば、現在価値はこうやって計算するとか、キャッシュフローはこうやって計算するとか……こういった知識レベルの情報をどこで学習するかというと、大脳新皮質（考える脳）となる。

要するに、学習内容によってどの脳の部分の回路を使うかが違ってくるのです。

『ＥＱリーダーシップ』（ダニエル・ゴールマン他著、日本経済新聞社刊）によれば、大脳辺縁系（感じる脳）は、大脳新皮質（考える脳）より格段に学習速度が遅い。ですから**感じる脳は、反復学習をしなければ学習できない**そうです。

ということは、倫理や道徳、価値観、行動基準というマネジャーに必須な学習は、反復によってのみ得られる。同じことを繰り返して学ばせる必要がある。そうしないと価値観や行動基準は浸透しないわけです」

――たしかに「少なくとも７回は言わないと、社員は覚えない」とよく言いますよね。

それだけ価値観、行動基準に関する学習は、時間がかかるんですね。

「そうなんですよ。だからほとんどの社長は、部下の教育をあきらめてしまう。その代わりに、どこかにいい社員はいないだろうか、と探し回るわけです」

――成功している経営者は、どうやって中間管理職を育てているんでしょうか？

「一番多いのが、仕事中も仕事時間以外でも、とにかく時間を使って指導するタイプ。『お前、そんなんじゃダメだ』と愛とムチで人を育てる。飲みニケーションを積極的に行う。そうしているうちに社長の考え方が社員に浸透し、その中で才能のあった人がマネジャーになり、その人がさらに次世代に、社長の価値観をつなげていくという仕組みです。

2番目は、強烈な個性を持っている社長。本田宗一郎や松下幸之助、孫正義のようなカリスマ経営者です。存在するだけで、社員に価値観が浸透していく。そういった強烈な個性を持っているカリスマの人は頻繁に飲みニケーションをしなくても、伝説化・神話化されていますから、いるだけで『あの人はスゴイ』と、その人の価値観が社員に浸透していきます。

ただ、それぞれ欠点があります。1つには頻繁な飲みニケーションはとても時間がかかる。そして、社員が増えれば増えるほど社長の時間が飲みニケーションに取られる。酒が好きでないと、話にならない。また飲みすぎは健康を害す危険性もあります。

強烈な個性のカリスマ社長の場合は、カリスマ性自体が持って生まれた資質であることが多いため、普通の人にはできない。また強烈なカリスマであればあるほど創業者の影響力が非常に強く、次世代経営者の立場がすごく難しくなってしまいます。つまり、1代限りの危険性があるわけです」

●まとめ役を育てるには？

――もっと効率的な、まとめ役を兼ねる中間管理職の育て方はないんでしょうか？

「それが、あるんです。

さっき言いましたよね。行動基準や価値観を浸透させるためには、学習速度が遅い『感じる脳』を使うので、繰り返しが必要だと。少なくとも7回は同じことを言わないと社員は覚えないと。ということは、7回繰り返して、教えるシステムを作ればいいんですよね」

――「7回繰り返して教えるシステム」……それはどんなシステムなんですか？

「それが『クレド（信条）』なんですよね。クレドとはそもそも、ザ・リッツ・カールトンホテルという非常に顧客満足度の高いホテルで導入された手法。すごく効果的なので今やいろんな企業が導入しています。

ザ・リッツ・カールトンホテルでは、電話が鳴ると3回呼び鈴が鳴る前に、社員が笑顔で出ます。またお客が聞いた場合には、道順を教えてくれるだけでなく、その目的地まで案内してくれます。こうした行動を、全世界のザ・リッツ・カールトンホテルに勤務するすべての社員が徹底して行っている。

どうしてそこまで完璧に組織が動くのでしょう？

その秘密がクレドなんですね。

ザ・リッツ・カールトンホテルでは、20項目の『ベーシック』と呼ばれる行動基準が明確に決められているんですね。非常に、細かな点まで書かれていますよ。この行動基準の1項目1項目を、毎日15分ぐらいの朝礼の際に、社員が6人程度のグループを作って、読み合わせをするんです」

――日本でも、会社理念を読み上げる会社は多いですよね。それと同じですね。

「いいえ。似て非なるものですよ。

なぜかと言うと、ザ・リッツ・カールトンホテルでは、社員が行動基準の項目を読み上げるだけではないんです。クレドリーダーというリーダーが読み上げて、その項目についての感想や、関連する経験などをほかの社員に伝える。

6人のグループで朝礼をやっていた場合、ほかの5人のメンバーは、リーダーと同様、その項目についての感想を述べていくんですよ」

――とすると違いは、読み合わせをするか、感想を述べるかということですね。

「そうです。しかし脳内で起こっていることが分かると、この違いはものすごく大きいのです。感想を述べるほうが、単なる読み合わせに比べて、数段早く学習が進むのです。これは脳内でフィードバック効果と呼ばれる現象が起こっているためです。

感想を述べる場合は、脳に対する刺激が圧倒的に多い。

まず感想を述べる。ここで自分の経験に照らして考えなければならない。その感想に対して、同僚の反応を見る。反応がしらけていれば、自分の理解や意見を修正していかなければならない。

同僚が『そうだ、そうだ』とうなずいていれば、自分の意見は正しいと自信を深めることができる。

このように聞き手の反応を見ながら、意見を修正しているのです。その分、脳の神経回路への刺激が大きく、早く学習するんですね。これを学習のフィードバックと言います」

――たしかに考えてみれば、人に教える時ほど、自分が勉強になりますからね。人に教えるというスタイルをとることで、学習が短時間で進むわけですね。

「その通りです。そもそもマネジャーは、ティーチャー（教師）と言い換えたほうが、その本質が分かりますよね。中間管理職の仕事は、教えることだから、クレドを読み上げることは、その練習にもなるわけですよ」

――このクレドの例は、リッツ・カールトンホテル以外にもありますか？

「ええ。とても面白い例があります。

業務用厨房機器のリサイクルで有名な、テンポスバスターズ。創業後7年JASDAQでに上場した急成長企業です。この会社が掲げる『テンポス精神17ヶ条』は、これから成長する企業にとっては、とても参考になると思いますよ（次ページ参照）。

第1条から3条まで読んでみてください。めちゃくちゃ面白い。具体的な行動基準を社員に徹底教育している。重要なのは、企業理念のような抽象的なことを言うのではなく、どういう時にはどういう行動をしなくてはいけないのかを、きわめて具体的に落とし込んでいることですよね。

この『テンポス精神17ヶ条』を社員に浸透させるためには、どのぐらいの時間がかかると思います？

1日1項目ずつ、読み合わせをしていきます。1カ月で約1サイクル。すると半年後には、7回程度、繰り返されることになります」

――ということは、半年後には社員に、この行動基準が浸透していくわけですね。

テンポス精神１７ヶ条

第1条（ニコニコ・テキパキ・キッチリ・気配り・向上心）

自分が遠くにいてもお客様が見えたら、店内を走って近づいて大きな声で感じ良く「いらっしゃいませ」とニコニコ挨拶しろ。また「ありがとうございました」と聞こえたらお客様が見えなくても一緒になって言え。掃除の手は早いか、値付けは早いか、陳列は早いかを常に他人と比べて確かめ、人より手が遅かったら家に帰って練習して来い。これを「ニコニコ·テキパキ」という。

本物になりたいなら、仕事は手順通りやれ。手抜きをするな、きっちりやれ。そこそこで良いと考えるな。絶対に「しのぐ」癖をつけてはならない。

来店されたお客様の子供になったつもりで商品を探し出せ、他の店にも聞いてみろ。納品したら上手に使っているか電話して、近くまで行ったら、必ず立ち寄り、納品した商品を見て来い。これが「きっちり・気配り」だ。

給料を上げよう。仕事を覚えよう。技術を身につけようとするなら、自分で勉強しろ。

休みの日には他店を見に行け。そこの店長に色々と話を聞いてこい。途中で本を買って店で応用してみろ。これを「向上心」のある行動という。

第2条（儲けろ・儲けるな）　百姓テンポス

安い物を見つけて高く売って儲けてはいけない。安い物を見つけたら安いまま売れ。知識と技術を身につけてコストを下げ、しっかりとしたアフターサービスと無理だと思われる高い目標に挑んで、その努力から生まれた少しの利益で良い。楽して儲けたい者は我社にいない。我々はそれ程の者ではないだろう。

リサイクル業はなるべく高く買って赤字にはならない範囲で出来る限り安く売る商売である。さやを抜いて儲ける事で喜ぶような癖をつけるな。

百姓は炎天下、汗を流して畑を耕しても、水不足・病害虫にやられたりする。何年かに1回の豊作になっても、種を蒔いて耕した分しか実らない。それで良い。日本全国を見渡せば、一発当ててものすごい稼ぎをする会社がある。我々テンポス人はそれを羨んではいけない。

百姓なんだから、耕した分だけ実るだけよ。だが、この17ヶ条を忘れないで仕事をしていれば、いつか花咲く時が来る。慌てるな。不安に思うな。

事例

ホテルの部屋にある冷蔵庫のウーロン茶２００円。ふざけるんじゃない。このホテルに泊まってくれてありがとう、ウーロン茶90円。テンポスならこうする。

独占企業のガス会社。ガスを使ってくれてありがとう、工事代は他社より安くしますよ、テンポスならそうする。実際は他社より高い工事代。

おーい、みんな喜べ、競争相手はマヌケばっかり。

第3条（金の使い方）

車が必要な時、車がなくてもやれる方法を全て試せ。それでもだめなら貰って来い、拾ってこい。最後に買え。「当然中古!」

店が暗いからと言って照明を増やせば店が明るくなるものではない。ホコリだらけの商品や雑然とした陳列では、いくら照明を増やしても店が明るくなったといえるのか。君は店を明るくしたかったのではなく、金を使って照明器具をつけたかっただけじゃないか。

人手が足りないと思ったときは、動きが遅いか、二度手間になってないか考えろ。やり方を変えろ。訓練をせよ。人手を増やすな。物に頼るな。銭を使うな。

【以下、第17条まで続く】

「そう。半年後には、社長が毎回、怒らなくても、社長の価値基準に合った行動を無意識に取る社員が育っていくわけですよ。

これは脳のメカニズムに沿ってできているわけだから、無意識に行動できないほうが脳のメカニズム上、難しいんです。**そのぐらい劇的に社員が変わっていきます**」

●「社長のリーダーシップ」は、1人では発揮できない？

――社員が育っていくための最適な方法が、クレドの実践なのですね。それと、まとめ役との関係はどうなっているのでしょう？

「クレドを実践すると、社長の価値観、行動基準が社員に浸透していく。ということは、会社全体がまとまりやすくなる。つまり、社員全員がまとめ役となるとも言えるし、また社長自身がまとめ役になったとも言えます。これが強い組織ですよ。

この強い組織になって、初めて『あの社長にはリーダーシップがある』と言われる。つまり、**社長のリーダーシップとは、自分だけが偉く、能力があるだけでは発揮できない。**これでは独裁者になってしまいます。

本当のリーダーとは、ほかのメンバー（イヌ、サル、キジ）の能力を引き出して、協力関係を築き、そして未来を志向する人だと思います。ですから、大きなことを成し遂げるリーダーは、桃太郎とキジの長所を兼ね備えたバランスの取れた存在と言ってもいいと思います」

——すると、キジ役の存在は、会社設立の初期から必要だということですか？

「はい。そこがもっとも重要なポイントです。

キジ的資質、要するに、全体をまとめていく役割（もしくは全体をまとめ上げていく企業文化）が、事業開始当初から考えられていた場合、会社は非常にスムーズに成長します。ここまで分かると、会社を成長させる1つの理想形が見えてきます。

それは次のグラフで表されます（次ページ参照）。前回までのグラフに、まとめ役を配置したものです。

まとめ役という資質を持った人間は、会社の成長のどの段階でもいないといけないということなのです。つまり、企業理念や価値観、行動基準を、事業開始当初よりしっかり持

会社を成長させる理想の役割配置

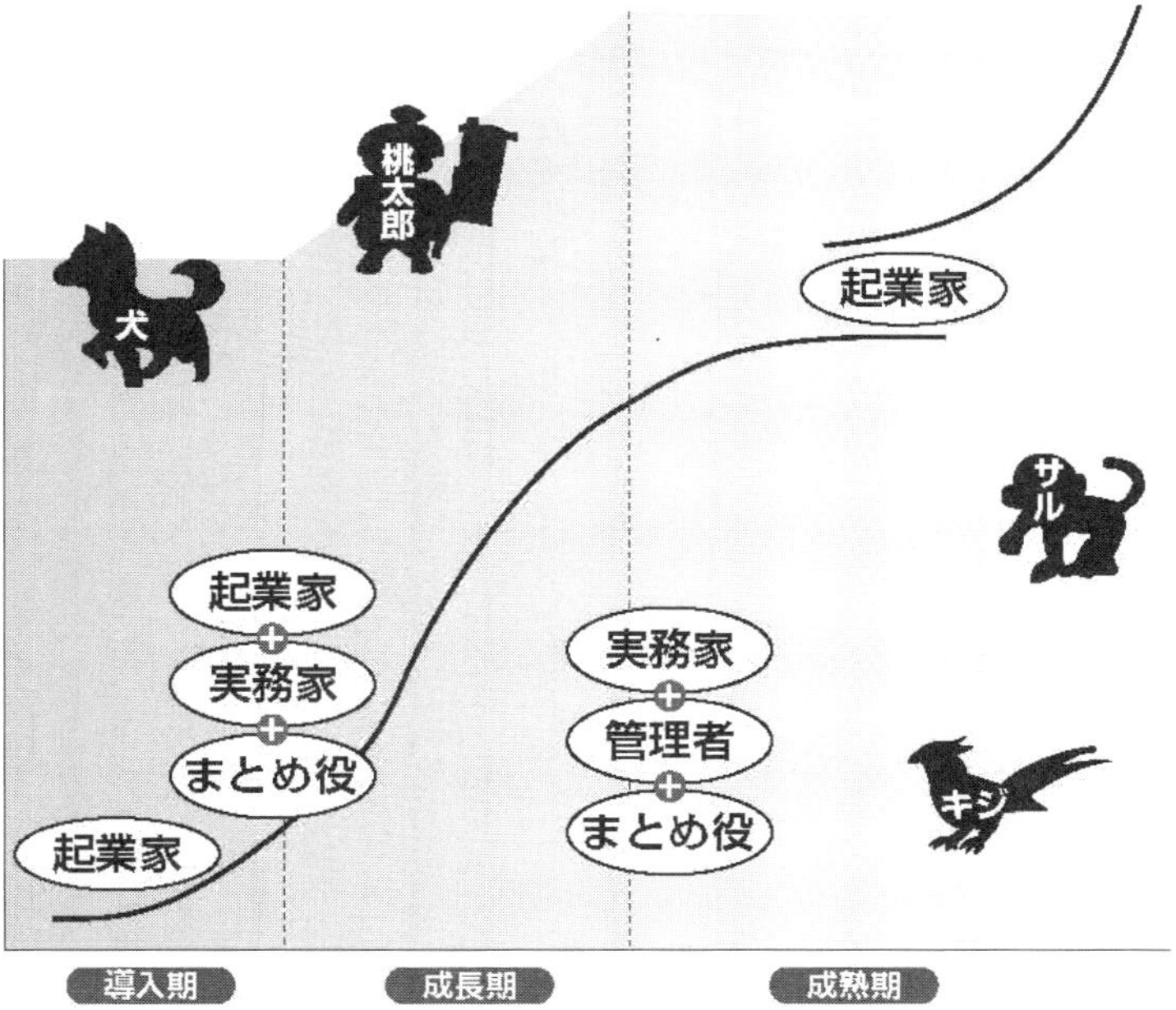

っている企業は、成長による歪みからの影響を受けずに、スムーズに成長できるのです」

――なるほど。たしかに、伸びている企業は明確な企業文化がありますよね。

「そうです。その会社の文化を作っておくと、今度は社長という個人の器を超えて、会社が成長し始めます。社長が引退しても社長の価値基準が、代々引き継がれるわけです。これができるようになって、初めて社長は現場を離れることができるんですよ。

これができないうちに現場を離れると、会社はどうなるか？

これは部下にまかせているのではなく、責任逃れ。経営放棄です。ですから、ほどなく会社は崩壊していきます。

逆に言えば、価値観や行動基準をきちんと部下に教えた社長は、心安らかに引退できる。そして、自分の人生にとって本当に必要なことにフォーカスできるようになるのです。社長が一線を離れても、今度は部下が桃太郎そしてキジ役の双方を担うことができますので、会社は成長し続けるわけです」

――しかし、その域に到達するのは、何十年もかかりそうですね。

「いや、そんなことはありません。今までは、こうしたマネジメントのメカニズムが分からなかったので、時間がかかったのです。

ある意味で、きちんとしたビジョン、きちんとしたビジネスモデル、きちんとしたマーケティングの仕組み、きちんとしたマネジメント。今まで実践会で勉強されたことを、１つひとつ実践していけば、独立起業した人でも、数年後には複数会社のオーナーになることは難しくないはずです」

——今まで、このような思考をしてきた会社の例には、どんな会社がありますか？

「そうですね。意識的に、このように考えて経営した会社は、あまり例がないかもしれません。でも結果としては、今まで説明したマネジメント・プロセスを実践すると、『リクルート』社のように、**次から次へと逸材が生まれてくる組織**になります。

リクルートは社員が辞めても、その社員はリクルートに勤めていたことを誇りに思うでしょう。そして独立企業したあとで、リクルートのことを褒め称える。そしてリクルートに協力する。ですから、リクルートを卒業していく人が増えれば、またリクルートが発展するという善循環になっています。

もう1つの例は、コンサルティング会社の『マッキンゼー』ですね。以前、大前研一氏が日本支社長をしていた会社です。マッキンゼーも社員は4〜5年も経てばもうほとんど辞めてしまう。

ところが、その辞めた社員がライバルになってマッキンゼーをつぶそうとするかというとそんなことはない。マッキンゼーを卒業し、大企業の社長になる。そして、マッキンゼーにコンサルティング業務を発注するようになる。このように、どちらの場合もマッキンゼー遺伝子、リクルート遺伝子がどんどん世の中に広がっていくのです」

——なるほど。ということは、このマネジメントはリクルートやマッキンゼーのような、社長が引退しても強い会社を作る方法と言ってもいいのでしょうか？

「たしかに、そうですね。**社長の遺伝子を残して、永年にわたって強い会社を作る**のです。難しそうに聞こえるけれど、やることはシンプルです。

クレドを実践することによって、価値観が遺伝子となって組織に伝達される。その組織から生まれた子どもや孫も、親孝行する気持ちを失わないので、結局、家族が繁栄するというメカニズムです。

企業DNAを引き継ぐ方法なんて、ほとんど説明されたことがないので、気づいてやっている会社はきわめて少ないと思いますよ。しかし、『これはすごいノウハウだ』と分かって実践する社長は、数年後には引退しているぐらい、会社がきれいに回るはずですよ」

●ワープして新規事業を素早く立ち上げる

――創業者の遺伝子を引き継いだ後継者も、同じ落とし穴に出会うのでしょうか？

「落とし穴には、はまらないようになっていきます。上手に経営していくわけですよ。具体的に言いましょう。事業をいくつも体験してくると、なにも通常の会社のように、落とし穴があるような道に進めなくてもいいのです。もっと進んだ方法があります。

それは、**いきなり導入期から成熟期へワープしてしまう**のです！（次ページ参照）

つまり、事業立ち上げの当初に、起業家と管理者が手を組むのです。桃太郎の物語で説明すれば、桃太郎が鬼退治というミッションを思いついたら、イヌの代わりに、サルに出会うようにする。サルと出会って、その鬼退治をするうえで、必要事項をすべて準備して

会社経営のワープ

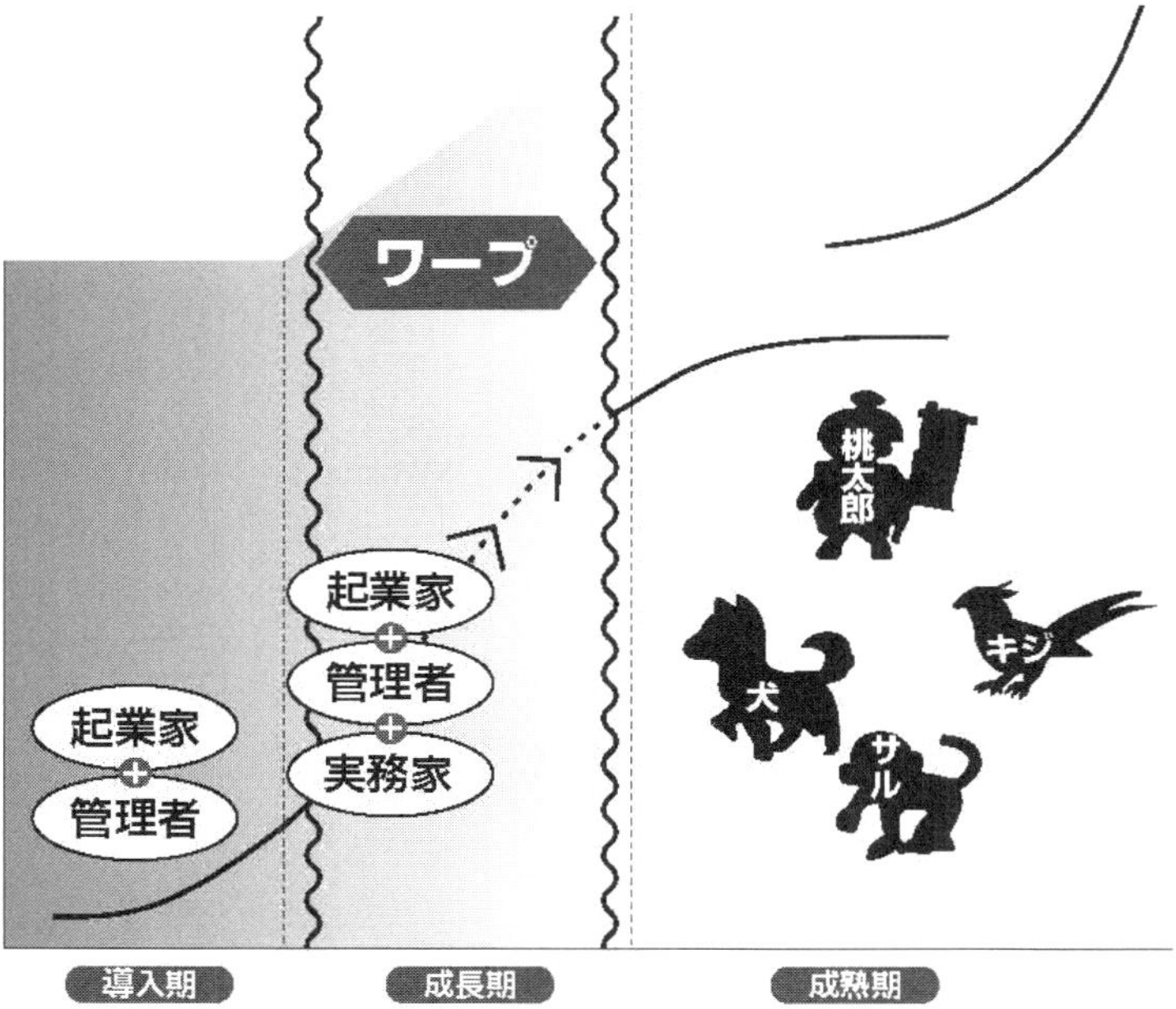
ワープ
起業家
管理者
起業家
管理者
実務家
桃太郎
キジ
犬
サル
導入期
成長期
成熟期

おくのです。

会社の場合には、方向性を決めたら、それが日常業務として回るようにシステムを作り込んでしまう。そして、エラーや間違いが出ないようにしてから、イヌ（実務家）を投入する。

別の言い方をすれば、強固な車作りをしっかりしておいて、そこにベテラン運転手（実務家）を投入して、一気にアクセルを踏ませます。こうすれば、通常の企業が陥る落とし穴にはまるどころか、それをジャンプして乗り越えていってしまうわけです」

――会社経営のワープ……アイデアを思いついた時点で、システムまで組んでしまう。これはすごいですね。しかし、こんなことできるのでしょうか？

「はい、できます。簡単に言ってしまえば、フランチャイズは、このパターンでしょう。だからフランチャイズがいいと短絡的に考えてほしくないのですが、事業開始した時点で、ＦＣ並みのシステムができていれば、当然、失敗も少ないはずです。

また、いくつも関連事業を手がけていると、３つ目、４つ目の事業の経営はうまくなります。たとえば、ベーカリーレストランで有名な『サンマルク』※の場合、最初の事業は、

サンマルク：サンマルクはこの後 2006年に持株会社制に移行し「サンマルクホールディングス」となっている。現在の株式会社サンマルクは新設会社として「ベーカリーレストラン・サンマルク」のみを運営する。

フルコースディナーのレストランでした。フルコースディナーというのは、対象も限られ、また品数も多いので、フランチャイズ化（システム化）は、非常に難易度が高い。大変な苦労があったでしょうが、その難業をやってしまったあとは、どんな飲食事業もさほど難しくないはずですよね。

現在展開されている、『サンマルク・カフェ』という焼き立てパンを出すカフェチェーンは、試行錯誤の期間は短く、業務システムがキチッと組み上がった段階からスタートできることになります。

近年、展開を始めた『函館市場』という回転ずしもまったく同じ。飲食経営のシステムが初めから分かっているから、一気に立ち上げることができます。何回か新規事業を経験していくとシステムから先に作っていくので、アイデアがあれば、システムを作り込み、そして、その後実務家を投入すれば、一気に頂上まで登れるわけですね」

――ということは、ワープする鍵というのは、桃太郎（起業家）とサル（管理者）が手を組むことなんですね。

「そうなんです。**一番、手を組みたくない人同士が、手を組むことにより、力が生じる**のです。企業家は、何でもかんでも前向きです。軍人のように、前へ進んでいくのです。それに対して、管理者は、口を開けば、ダメ、うまくいかないと言います。

起業家は、『なんて後ろ向きな奴なんだ』と目の上のたんこぶ状態で、首を切りたくなると思います。しかし、そのようにNOと言ってくれる存在と手を組むことが、会社の成長上、きわめて重要なことなのです。

起業家と管理者は、水と油ですから、通常は混じり合いません。そこで、双方が大きな器で、お互いを認め合って、協力していく関係を作り上げる必要があるのです」

――そのために必要なのが、まとめ役的な資質であり、それには会社の価値観、行動基準をクレドを通して浸透させていくことが必要なのですね。

「その通りです。考えてみれば、夫婦関係というのも、会社経営と似たところがあります。夫がやることに対して、**妻がNOと言ってくれて、最大の批判者になってくれるからこそ、夫の事業が成功する**。

成功した起業家の中には、そんな夫婦がとても多いのではないかと思います。ですから、配偶者が後ろ向きだった時ほど、自分にとっては重要な情報がある、と考えたほうがいいかもしれませんね」

●〝バカを量産する〟システムとは？

――システム化、システム化と今まで何回も言われてきましたが、どうもまだイメージできないんですよ。組織に亀裂が入るのは、システム化すべきタイミングだからですよね。具体的には、どうすればシステム化できるのでしょうか？

「システム化とは、別に難しい話ではないはずなんです。だって結果さえ見れば、それは業務をスムーズにするための書類であったり、マニュアルだったりするわけですから。

しかし、この簡単な作業ができないんですね。

具体的に、どうすればシステム化できるかについて説明する前に、通常の会社は、どうしてシステム化で失敗するのかについて話しておきましょう。

まず多くの社長の間違いは〝マニュアルを作れ！〟と声をかければ、マニュアルができると思い込んでいることです。これはあり得ない。

さまざまな理由があるのですが……。

①そもそも業務が混乱しているので、いったい何のマニュアルを作ればいいのか分から

ない。

②マニュアルのサンプルがないから、どんなマニュアルを作っていいのか分からない。

③そもそも日常業務で忙しすぎて、マニュアルを作る時間がない。

④マニュアル作りに時間を割ける余剰人員がいない。

そこで、マニュアルを作れ、と声をかけるものの、1年経っても、2年経っても、1つもマニュアルができないのです。

この時にマニュアル作りを外注しようとする社長もいます。ところが、この場合にも、うまくいきません。

なぜなら外注業者は、そもそもの業務については、社員から説明を受けなければならないですよね。しかし社員は、業務が混乱しているのだから、社員ですら、何をどの順番でやればいいのか説明できないのです。

だからマニュアルを作ってしまった場合、きれいに作ったけど、使われないというのがほとんどです。

要するに、絵に描いた餅ですね。なぜなら、マニュアルに書かれたことを教えるノウハウがそこにはないからなのです。教え合うノウハウ、仕組みというものをそこで作り込んでいかないからそうなってしまうわけです」

——マニュアル化がうまくいかないのであれば、コンピュータで業務をシステム化をするのはどうですか？

「コンピュータによる業務システムの導入は、効果がありそうに聞こえますけど、現実は悲惨です。多額の投資をした挙げ句、うまくいっているところは、ほとんどありません。

なぜうまくいかないかというと、そもそも先ほどのマニュアル作りと同様、社員が手作業でやっている業務内容が不効率になっている。何も考えないで、混乱しながら業務が行われている。その混乱した業務をコンピュータ化するわけだから、混乱が加速する。

つまり、**バカにターボチャージャーを付けてさらに加速化させるようなもの**だからです。エラーが多発する。しかも超効率的なスピードで、エラーが繰り返されるので、どうしようもなくなってしまう」

——それでは、もう一度聞きます。システム化とは、具体的にどうすればいいのでしょう？

「禅問答のように聞こえて、どうしてもっと具体的なことを言ってくれないのか、と思われるでしょうが、もう少し我慢して聞いてください。今は、もっと根本のところを理解していただきたいのです。

なぜなら、根本が分かれば、実はマニュアル化というのは容易な作業だからです。**社長はほとんど何もすることなく、社員がやってくれる**ようになります。

会社のシステム化が重要だと言ってきましたが、そのシステム化は大きく2つに分けることができます。

業務のシステム化と、人作りのシステム化です。たいていの社長は、業務のシステム化だけを考えます。実は、それがシステム化が進まない最大の原因なのです。

私の考えでは、**業務のシステム化を進める前に、どうしても人作りのシステム化をしていかなければなりません**。ここを多くの社長は見過ごしていると思います。

人が育つ前に、その人にマニュアルを書かせることができるかというと、ほぼ不可能なわけです。逆に、人が育てば、その人がマニュアルを作ってくれる。

つまり、マニュアルがあるから人が育つのではない。一番前を見てみれば、人が育つからマニュアルができるわけです。

もちろん社長が先頭を切って、仕事が終わったあと、寝る間も惜しんでマニュアル作りに励むケースもあります。それはそれで素晴らしいことですが、問題はそれだけの体力と能力を持っている社長がどの程度いるかです。

私が見るかぎり、システム作りは本当に大変なので、個人の力では限界があるんじゃないかと思っています。そこで個人プレーから、チームプレーにシフトしていく意味で、人作りのシステム化をまずやって、その後、そのチームを使って、業務のシステム化をすべきなのです」

——人作りのシステム化について、もうちょっとイメージを聞かせてください。

「ひと言で言えば、**社員の成長が会社の成長に一致する**ようなシステムです。

新入社員は、働いているうちにマネジャー（課長）の実力を身に付けるようになる。

マネジャーは、働いているうちにディレクター（部長）の実力を身に付けるようになる。

そして、ディレクターは、働いているうちにプレジデント（事業部長）の力量を身に付けるようになる。

このように、知らず知らずのうちに実力が上がってくるのが、人作りのシステム化ですね」

――なるほどね。当たり前のことのように聞こえますが、ほとんどの会社でできていませんものね。

「できていない理由が分かりますか？　マネジャーを作る必要があるわけですよね。にもかかわらず、ほとんどの会社は、**マネジャーの定義を間違えている**んです。その定義を明確にすることが、人作りのきわめて重要な一歩になるんです」

●マネジャーって、いったい何？

――ええっ？　〝マネジャーの定義〟ですか？　そうですねぇ、そう言われると難しいですねぇ。

「定義すら明確でないものを、育てられるわけありませんよね。
〝マネジャーの役割って、何でしょう〟と聞くと、社長は典型的にこう答えることが多いのです。

『マネジャーとは、部下のやる気を引き出して、結果を出す人である』
たしかに、そうなんだけど、こういう社長自身が、社員のやる気を喪失させていることが多いんですよ。社長ができないことが、マネジャーにできるはずがないですよね。もし、それができれば、その社員は数カ月後には独立起業して、自分の会社を作っていますよ。そして、その会社の最大のライバルになっているはずですよ」

――すると、マネジャーの定義って、何なのですか？

「これが人作りのシステム化の根幹なんですよ。これが分かるだけで、実践会の年会費の百年分ぐらいは簡単にペイしますからね」

――もったいぶらないで、教えてくださいよ！

「はい（汗）。では、教えます。
まず会社での社員の役割を、下から順番に、メンバー（平社員）、マネジャー（課長）、チーフ（部長）、リーダー（事業部長）と分けて考えましょう。

小さな会社では、社長がこの4つの役割をすべてやっています。ランチェスター理論※ですと、社員数が30名ぐらいになるまでは、全部、社長の直結の組織で当てはまります。私は、仕事を作り出していくことが必要な、独創的な10名以下の組織でも、早めにマネジャーおよびチーフを作るに越したことはないんじゃないかと思っています。

それじゃ、それぞれの定義を言いましょう。

メンバーは与えられた目の前の仕事をとにかく効率よくこなすこと。それが仕事です。ルーチン以外の仕事はありません。それ以上、求めると要求しすぎということになります。

マネジャーは、仕事のやり方の見本を示して部下に教え、結果を出すこと……つまり教えることが重要な仕事なのです。だから、**マネジャーはティーチャー（教師）と同義語なのです。それ以上を求めてはいけません。**

チーフの役割は、自分で新たなプロジェクトを創造して仕事の段取りを考え、そして結果を出すこと。チーフは会社の問題点を自分で見つけ、プロジェクトを創造することが仕事です。それ以上は求めない。

さらにその上に、私が〝戦略リーダー〟と呼んでいる役割があります。通常の会社であれば社長ですが、その人たちはどういう役割をするのでしょう？

インスピレーションを与え、社員のやる気を引き出し、そして新たな発想に基づく事

ランチェスター理論：元は第一次大戦時にＦ・ランチェスターによって発表された軍事的法則だが、日本ではこの法則を経営に応用した中小企業の経営戦略、あるいは営業戦略として有名。

業やプロジェクトを考えついて、そして結果を出していく――これが戦略リーダーの役割。つまり、インスピレーションを与え続けることが、重要な仕事なんですね。別の言葉で言えば、将来のビジョンを示すということになります。その**ビジョンを示すことによって、社員の背筋に電流が流れ、ゾクゾクとさせる**んです」

――なるほど。このように階段式に仕事を明確化すると、それほど人を育てるのは難しくなさそうですね。

「そうでしょう。とくにマネジャーというのは、仕事の見本を示して教えるだけだから、ある程度、仕事の経験を積んでくれれば、誰でもできるはずです。

ところが、社長はマネジャーにしたとたん、全部を求めるんですよ。部下のやる気を引き出し、新しいことを考えついて、とにかく結果を出せとね。そりゃ、無理ですよ。部下は何をやっていいのか分からずに、プレッシャーを感じるだけです。

社長は、マネジャーにプレッシャーをかけますが、マネジャーはどうしていいか分からず、部下に同じようにプレッシャーをかける。すると部下は、今まで同僚だった奴からプレッシャーをかけられるんだから、キレます。

これが上からは怒鳴られ、下からは突き上げられるという中間管理職の悲哀ですよ。もしこれを求めるのであれば、中間管理職は、社長以上に忍耐強く優秀でなければ務まりません。

高度経済成長期の社会では、これでも将来、希望があったから気分転換もできた。しかし、中小企業で一生、創業者とやっていかなければならない中間管理職は、とても耐えられないはずです。だから、**このメカニズムが分からない社長のもとでは、いつまで経っても右腕ができない**のです」

――このように階層に応じて、やる仕事を明確にすると、社員の側にとっては、次の段階へ向かうための目標がはっきりしますね。

「そうです。メンバーがマネジャーに昇格するためには、仕事の段取りを整え、きちんと教え、結果を出せばいいのですから。

また、マネジャーがチーフに昇格するためには、プロジェクトを創造することが課題。リーダーになるためには、今度は創造することが課題。リーダーになったら、今度は異質な能力の人々の集まりを束ねられるようになることが大事。それぞれの段階で、必要なスキルが明確でしょう。

これは子どもが水泳を学ぶのと同じですよ。水泳教室に行くと、何級何級という能力別クラスがあるでしょう。その級の基準が分からなければ、子どもも努力できません。級がはっきりすれば、子どもは次から次へと難関をクリアするのが楽しくなるでしょう。要するに、本当は自分の成長が楽しいはずなんですね。

通常の中小企業は、とにかく社長が一生懸命、手をかけて時間をかけて社員を育てていきますね。それはけっして悪いことじゃないんですが、こうやって定義がはっきりすると、メンバーが**自発的に成長する仕組み**ができる。上の人が手取り足取り教えて育てるという手間のかかる方法論と、社員が自らの力で上を目指すというエスカレーター式に自ら発展・成長する方法論の違いですね。

もちろん優秀な企業は、そのどちらも取り入れるわけですが、たいていの企業は手間もかけず、仕組みも築かないで、社員を罵《ののし》ることだけをするわけです」

――この「人作りのシステム」とは、この定義付けが根幹となるんですか？　それじゃ、システムにならないような気がするんですけど……。

「その通りです。それだけじゃ、システムになりません。重要なことは、社員が幸福になることと、会社が幸福になること。その双方を同時に達成するシステムを作ることです。もう一度、言いますよ。今、株主の利益だけを考えたアメリカ型の資本主義モデルは機能しなくなっていますよね。なぜなら、それは資本家が労働階級を搾取《さくしゅ》するというモデルだったわけです。そのモデルがうまくいかないのは分かっていますが、それに代わるモデルが今までなかったのです。

そこで、まったく新しい発想に基づく会社の評価モデル……**会社と社員が同時に幸福になる方法**をご紹介しますよ」

●なぜ『マトリックス』は3部作で終わるのか？

――でも、会社と社員の双方が成長していくという方法は、今までも聞いたことがありますよ。〝まったく新しい発想に基づく〟というのは、言いすぎじゃないんですか？

「いや、これには圧倒的な自信があります。

たしかに今までも、家族と会社、そして個人の成長を同時に達成するという考え方はありました。その典型が、『7つの習慣』（キングベアー出版刊）で有名なスティーブン・R・コヴィー博士です。彼は、仕事、個人、そして家族の分野で、それぞれ目標を設定するのです。1年後の目標、3年後の目標、10年後の目標というように、すべての分野で目標を設定し、それをクリアしていくやり方です。

たしかに論理的に考えれば、人間はどんどん成長できそうです。ところが事実は異なります。**人間はスーパーマンにはなれない**のです。仕事がうまくいけば家庭が歪みます。家庭がうまくいき、仕事もうまくいけば個人の欲求が犠牲になります。

このようにすべての分野で最高になるという目標は、個人レベルではまだ害はありません。しかし、それが会社レベルで行われるようになると、どうなるか？　超ポジティブ思考の集団ができ上がるわけです」

――超ポジティブ集団か……超ポジティブの集団は、超ネガティブの人たちを生むんでしたよね。

「そうです。人間というのは、それぞれの関係の中でバランスを取っていくのです。だから、社長が超ポジティブになって、イケイケどんどんで抑えが利かないと、それに急ブレーキをかけるように、超ネガティブが生まれるのです。
ですから、そういった組織では、ストレスに起因する病気が多くなるわけです」

――ということは、超ポジティブにならないで会社を成長させていくシステムが必要になる、と？

「少し違います。超ポジティブにならないで、**社員と会社が幸福になるシステム**です。なぜ私があえて成長という言葉を使わないようにしているかと言えば、成長は20世紀型の資本主義のモデルだからです。

成長し続ける組織は、必ず成長がストップします。ですから、これから発展する企業というのは、成長ではなく、幸福を基準にして経営を進める会社なのです」

――ということは、成長してはいけないんですか？

「いけないということではありません。しかし、成長に対する絶対的な執着をなくすことが大事なのです。**成長が早ければ、死も早い**のです。**成長には終わりがありますが、幸福**

には終わりがありません。

このことは、元横浜国立大学の堀之内高久先生に教えていただきました。同じことをシナリオコンサルタントの岡田勲先生にも教えていただきましたよ。ときに、なぜ映画『マトリックス』は3部作で終わるのに、『フーテンの寅さん』は何十作も続くのか知っていますか？」

――考えてみれば、そうですが……。『水戸黄門』も『釣りバカ日誌』も長続きしますね。いったい何が違うのでしょう？

「〝成長する〟ヒーローは、3回で終わるのですよ。フーテンの寅さんは毎回成長しないから、永遠に続く。あるがままで、何千万人もの大衆の心を癒せるわけです。『マトリックス』の主人公ネオもヒーローなのですが、寅さんのほうが本当のヒーローと言えるのですよ」

●会社と社員を同時に幸福にするシステムとは?

――それは面白い見方ですね。成長ではなく、幸福を基準にして経営を進める会社ですね。しかし、それはどうすればできるのですか?

「それはね、〝結果から発想する〟こと。映画『マトリックス』に出てきたモーフィアスの台詞をもじって言えば、『成功しようとするのではなく、成功すると知れ』……それを社員の評価システムに組み込むのです。

ごちゃごちゃ説明するよりも、私が提唱している、会社と社員の幸福がリンクする目標設定・実績評価シートをお見せいたしましょう。数百万円の価値はありますよ(巻末付録参照)」

――いったい、これを使うとどんなメリットがあるんですか?

「数多くのメリットがあります。これは**評価システムに、自己啓発ノウハウを導入したもの**です。ですから評価シートに記入していくうちに、自らの目標を設定し、そして実現しやすいようにしていくのです。

通常、人は目標を設定しますが、それはとても実現しにくい目標です。しかも嫌々、目標設定します。ところが、この評価シートは、目標に対して感情を込めていくプロセスを入れていますから、目標に対してコミットメント（覚悟）も同時にしていくわけです。このシートに記入する過程そのものが、学習になっているのです。

また目標設定が、実現しやすい形になるだけではなく、自分自身の資質、社内で果たすべき役割や、人生の課題が分かりますから、チームワークがよくなります。会社で自分の位置付けがはっきりするので、働く意味を見いだすことができるわけです。言い換えれば、**〝仕事ごころにスイッチが入る〟**のですね。

さらにです。このシートを使うと、自動的にボーナスの計算がされてしまいます。

あなたは、どんなボーナスの査定をしていますか？　残念ながら、零細・中小企業の社長は、ボーナス時期になると鉛筆なめなめ、えいやっと決めてしまいます。要するに、その社員が好きか嫌いかが査定基準です。そのいい加減な査定の結果、社内に不公平感が高まり、混乱。しかも悪いことに、それほどいい加減なのにもかかわらず、社長の貴重な時間が査定のための面談に取られるのです。

社長の仕事は戦略を立てて、結果を出すことですよね。にもかかわらず、ボーナス査定に時間が取られるのです。こんなバカな話がありますか？

だから、社員が多くなったら、**社長は報酬の査定を、時間をかけずにシステマチックにやらなければ、業績が犠牲になる**のです」

――先生のお話を聞くと、この目標設定・実績評価シートは、本当に画期的なもののようですね。

「はい。自分でも画期的なものだと思いますよ。もちろん、このような評価シートは業績によっても会社の規模によっても違いますよね。ですから、その企業にも当てはまるものではないですが、社員数30名以下ぐらいの小さな組織が発展するうえでは、非常に役に立つ事例だと思います」

――それではみなさんが応用できるように、この評価シートをもう少し詳しく説明してください。

「ステップ０からステップ４までであります。ステップ０は、**現在の自分を知る**。ステップ１は、**未来の自分を知る**。ステップ２は、**未来の自分を見る**。ステップ３は、**未来の自分になる**。そして、ステップ４で報酬額を査定します。

『成功しようとするのではなく、成功すると知れ』ということを、誰にとっても実践しやすいように作り込んでいるのです。

ステップ０は、非常に画期的なセクションですが、実践会に入っていて勉強していないと何がなんだか分からないでしょう。

『**①あなたの学習スタイル**』では点数で評価して、そして、自分はどのような学習方法がもっとも適しているのかを把握します。この評価方法については『こうすれば組織は変えられる！』（フォレスト出版刊）というピーター・クライン先生の本の２５９ページに質問項目が出ているので、そちらを参考にしてください。

この情報の活用法ですが、たとえば、評価点が論理・数学で低く、対人能力で高い人にパソコン作業中心の仕事を与えると、その人はストレスで仕事のパフォーマンスが全体的に下がり、パソコン仕事だけではなく対人能力まで下がってきます。

身体を動かしながら学習するというタイプの人に、じっと座っている仕事を与えると、その人の能力を全体的に下げる結果となるのです。このように社員も自分の学習スタイルを知れば、自分に合った仕事の選び方、仕事の仕方を工夫するようになります。

『**②あなたの課題（春夏秋冬理論）**』では、今年の人生の課題を把握します。『冬なら試行錯誤しなさい』『春ならアクセルを踏みなさい』『夏なら体力があるから、どんどんがんばってやりなさい』『秋なら言われたことをやりなさい』。

このようなテーマが季節ごとにあります。経営者にとって悪いことは全然ないわけですが、このように社員の人生のテーマに基づいた仕事の与え方、選び方をすれば、社員は現在という瞬間に全力投球できることになります。

『**③会社（チーム）におけるあなたの役割**』。このセクションでは、会社のそれぞれの時期、事業の時期に応じて必要な役割——桃太郎で言うところの、自分はキジ役なのか、サル役なのか、それともイヌ役なのか——が分かるようになります。

たとえば、『今の会社は成長期だからイヌががんばらなくちゃな、ということで、私はイヌ役になる』というように覚悟を決めることを促すのです。サル役になった人は、起業家・桃太郎の暴走を止め、会社のシステムを作ることに全力投球することが大事。だから、**社長に対して、勇気を持ってNOと言う**ことが仕事になるのです。

通常の組織は、このような役割が明確になっていないので、社長に対してNOと言う人は、社内から弾き飛ばされるのです。しかし、そうなった場合、会社は暴走し始めます。

ですから、社長や事業部長は、時期よってNOと言う人を重用しなければならないのです。逆に、NOと言う役割の人（サル役）は、会社が成長に向かって離陸する際には、NOと言うのを抑えなければなりません。

このように、**お互いの役割を理解し、尊重し始めた時、チームワークは格段にスムーズに機能し始める**のです。

それから、未来の自分を知る、そして未来の自分を見るというプロセス。それぞれの質問を見ると、神経言語プログラミングに基づく目標設定の質問法を応用しています。浮かんできたアイデアを本当に重要なものに絞り込みます。また、もし目標が達成できなかった時に、どんな後悔をすることになるかを書くことによって、感情面からも目標に対してコミットするようにできています。

さらに、たいてい目標を作っても、初めの一歩を決めなければ行動に移せないですよね。でも一歩を踏み出せば、二歩目はラクでしょう。そこで**初めの一歩を記入**して、すぐに着手できるように持っていくのです。

このように、実行性が高い目標設定を行って、第一歩を踏み出す仕組みを作っています」

――しかし、なんともすごいものを作りましたね。自己啓発ノウハウと、人事評価シートを組み合わせてしまったのですね。

「それだけじゃありませんよ。さらにボーナス額まで機械的に計算することができるのですから。また社員の解雇から降格まで、ある程度、客観的な基準を持って行うので、問題が生じにくいというメリットもあります。

このように、人作りをシステム化していくと、もう1つ非常に効果的なことができるようになります。それは評価を1年に1回ではなく4回やるのです。たとえば、私の組織ですが、3カ月を1期として1年を4期に分けるようにしています。すると、経営の変化に柔軟に対応でき、進化がスピードアップしていきます。

普通、会社の目標設定は1年に1回でしょう？　でも1年前の目標設定に対して社長が正当に評価できるはずがないですよね。私の会社では3カ月ごとに目標設定を評価して、ボーナスを出しています」

――そうすると、普通の企業の4倍のスピードで変化に対応できるわけですね。

「そうです。当然、戦略は機動的になり業績も安定してきます」

——このシートにある、「⑥アントレプレナーシップ」とは何ですか？

「これはですね、社内起業家を作る制度です。社員の中で社内起業したい人は、このアントレプレナーシップを選択するのです。

すると、給与は青天井です。なぜなら創出したキャッシュフローのパーセンテージで支払われるからです。でも事業に失敗すれば、給与が下がることもあります。このように、最終的には1人ひとりの輝く部分を見つけ出し、それを収入につなげる仕組みを想定して作り込んでいます」

——1人ひとりの輝く部分を見つけ出して、それが収入につながる、ですか？　理想郷のような話ですね。

「たしかにそうですね。理想郷です。しかしね、このシートから、その理想郷に向かって進んでいないと断言できる項目はありますか？」

――う～ん、ないですね。

「ないでしょう。私は、このように社員1人ひとりの優れたところを見いだし、その人生のリズムを理解し、お互いが学び合うための役割を理解する。そのうえでチームを作っていく会社が増えていけば、本当に創造的な社会が生まれると思うんですよ。

そしてね、家庭も会社も幸せになれるじゃないかと。少なくとも、私の会社は、以前とは比較にならないほど、幸福になっています。また、社員の人間としての成長も著しいです。社員が個人として尊重され、存在を認められ幸せになれば、**その幸せは家庭にまで伝染**していくことになります」

――その幸せの伝染の根幹となるのが、この評価シートなのですね。

「そうですね。この評価シートのタイトルは、先ほどの理由から、本当は『個人と会社の幸福をリンクするための……』と言い換えるべきですね。ぜひ、みなさんは『成長』を『幸福』に言い換えていただければと思います」

――いやぁ、最後にこんな評価シートが出てくるなんて、予想外でしたよ。最後はきわめて具体的でしたね。

「もちろんです。私が、現実のビジネスに使えない話をしたことがありますか？　それでは今回で連載は終わりますが、今までお話ししたことは、この数ページの評価シートにすべて結晶化されています。応用できるところを、あなたの会社でも使ってみてください。最後に、今回の連載から、経営とは単なる儲け話ではないことがお分かりになっていただけたらと思います。経営と家庭とは密接に関係しており、夫婦関係のアンバランスがそのまま経営に反映されます。

また親子関係が癒され、修復されなければ、それも会社が鏡のように映し出すのです。結局は、**経営者は会社を通して、自分自身の中の分裂した自己を統合していく**のです。そのプロセスが仕組みとなった時、今度は会社の文化が、その会社で働く社員の分裂した自己を癒していくことになるのです。こうした善循環が世の中に広がれば、中小企業の経営者を起爆剤として、まったく新しい時代の幕開けがくることになるのでしょう。

私は、この壮大な夢が実現することを知っています」

第4章

ビジネスのライフサイクルを考える

「未来予測」こそ、現在の神田昌典の真骨頂といえるかもしれない。

その〝核〟となるのは、さまざまな事象の「ライフサイクル」。

神田昌典本人もここで語っているように、ダイレクト・マーケティングというい わば「小手先のテクニック」のみでは通用しない時代には、ライフサイクルの意識を持つことが絶対条件だ。

●世界のライフサイクル

今後この数年間で、20世紀の総決算がいたるところで行われ始めるだろうということである。

自動車業界でも現在、技術の総決算が行われ始めている。1800年代後半から始まったガソリン自動車の長い商品ライフサイクルが、今まさに終焉《しゅうえん》を迎えようという段階に入っている。

このような最終局面では、技術の博覧会になる。実際に、2003~2004年は、最高速度300キロを超えるスーパーカーが何メーカーからも発売された。メルセデスからはスポーツカーとしてはベンツSLR、高級サルーンとしてはマイバッハを発売。アウディはランボルギーニを買収し、V10モデルを開発している。フォルクスワーゲンも最近活発に広告を出しており、本格的なスポーツカーを発売するという。

このように全世界デフレ傾向にある中で、自動車各社は数千万円もする車が売れると見込んで、技術を結集した車の発売を計画しているわけだ。総決算が終わると、新製品が持ち込まれる。だから2010年に至るまでには、新しい技術がライフサイクル上の導入期に入り始めることが予想できる。

現在は、あらゆる産業分野で60～70年の長いライフサイクルが終わり、新しいサイクルが生まれる直前と言ってもいい。すると今後数年間は、今までとまったく異なる文化・技術が顔を出し始め、そしてそれが市場化されていくと考えられるのである。

私が、あなたにこの動きを知っておいていただきたい理由は、これからの数年間は、変化を予測することは、実は今まで勉強してきたマーケティングの技術よりもよほど重要だということである。

なぜなら、変化を予測できなければ、変化に乗れないからだ。つまり、次のライフサイクルに乗り換えることができないので、今までのライフサイクル上の衰退曲線の上を走ることになるからだ。

●クルーたちが命を失ったわけ

ライフサイクルが終焉していく過程については、マッキンゼーのリチャード・フォスター氏らが書いた『CREATIVE DESTRUCTION Why Companies That Are Built to Last Underperform the Market――and How to Successfully Transform Them』に実に面白

い実例が出ているので紹介しよう。

１８８０年には、帆船が米国と欧州との間を頻繁に航海していた。実は、１８０７年には蒸気船は技術としてはあったのだが、１８２０年までは費用効率的ではなかったので、１８９０年になるまでは、ほとんど実用化されなかったのである。しかし、蒸気エンジンの性能がアップされ、帆船は蒸気船に市場シェアを急速に奪われることになった。

その際に、帆船の技術はどうなったか？

蒸気船に主導権を握られまいとして、次から次へと改善を加えていったのである。その結果、帆船は次々と改良型を開発するようになった。

ところが、帆船技術にも物理的な限界がある。１９０７年12月13日、イギリスでターナー船長率いるところのトーマス・ローソン号は、60ノットで進む中、操縦不能になり、座礁。奇跡的に船長は助かったが、**ほかの船員たちは失われてしまった**。

１００年ほど前の出来事であるが、これが現在、起ころうとしていることである！

つまり、今までの技術の改善は行われるが、それと同時に、新技術が急速に市場に浸透し、ある限界まで到達した時に旧技術がぷつりと切れるようになくなっていく。歴史的な存在になってしまうのである。このような流れを知っておかないと、**われわれは座礁する**

船に乗り込むクルーとなってしまうのだ。

さらに詳しく時代の移り変わりについて説明しよう。

座礁するタイミングを予測する方法があるのである。

ライフサイクルの末期になると製品寿命が短くなる。実は、その製品寿命については、成長カーブの曲線から、その比率まで計算されている。この計算によれば、成熟期に突入した製品は、成長期の製品の約３分の１の寿命となる（次ページ参照）。

携帯電話の例※を挙げよう。私が記憶するところ、ドコモの携帯電話は数年ほど前には、５０２ｉという機種が発売後1カ月程度で値崩れが始まった。

このような値崩れが始まると、再度、機種変更ということになるために、製品寿命は短くなる。５０２ｉが1年間もったとすると、５０４ｉは３カ月しかもたない。逆に言えば、製品寿命が最盛期の３分の１になったら、その製品群は成熟期を迎え、間もなく製品全体に、新たな革新が起こることが予測されるわけである（たとえば、通信速度が大幅にアップする等の次世代携帯の誕生）。

製品群だけではなく、会社にも同様の変化が起こっている。

携帯電話の例：2002年当時の話だが、テクノロジーの進化が著しい現在、製品のライフサイクルはより短縮されている。

ライフサイクルの短縮と飽和点の関係

ライフサイクルの長さ（最長サイクルに対する割合）	飽和水準（天井到達率%）
0.17	3.1
0.19	4.0
0.20	5.2
0.22	6.9
0.24	9.1
0.30	12.8
0.41	20.0
0.70	31.4
1.00	50.0
0.70	68.6
0.41	80.0
0.30	87.2
0.24	90.9
0.22	93.1
0.20	94.8
0.19	96.0
0.17	96.9

成熟期に入る頃には、
製品寿命は、
成長期の約3分の1
になる。

『「Sカーブ」が不確実性を克服する』（セオドア・モディス著、東急エージェンシー刊）より作成

１９２０年代、会社寿命は60～70年と言われていた。それが、１９６０年代には30年と言われ、現在は平均15～20年しかもたない。**会社の寿命は２０２０年になると10年もたないだろう**と言われている。

これは何を意味するか？

会社が何世代にもわたって存続することを前提とすることはもはやできない。もし親子何代にもわたって会社を存続させるのであれば、会社の内容自体が変革を迫られる。もちろん、例外として、暖簾《のれん》や伝統を残すという必然がある場合には存続させること自体が使命であるので、この限りではない。しかし、高い収入を得ることは構造的に難しい。

自分の就業可能年数よりも、会社の存続年数のほうが短くなる。これはドラッカーが書いていたが、今までは印刷技術を学べば一生食べていけた。つまり、１つの技術をマスターすれば、生涯暮らしていくことができた。ところが、これからの時代は、**１人の人間が10年おきに新しい会社で働き、新しい技術を身に付けなければならない**。

資本主義が成長していたところの会社の寿命が60年。２０１０年には、それが10年になるのだから、約17％。それを前ページの表で見ると、飽和率として96・9％。つまり、成長カーブから見れば、明らかに**資本主義的な会社が衰退期に入り始めている**ことが分かる。

ということは、今後、今までの資本主義的な会社、すなわちプロフィットを求める会社というコンセプトが大きく崩れて、まったく新しい経済モデルが浮上する可能性がある。

私はNPO的な経済モデル※が生まれるのではないかと予測している。

日本においては、NPOは税制的にまだまだ設立メリットがないから、ミッション・コンシャス（理念をかなり意識し、それを存在意識とする）な会社が、これから多数生まれるだろう。

以上のように、現在、数多くの指標が、新しい時代が数年後から始まることを指し示しているのである。この時代の変化は、多くの人が考えるよりよほど深遠で、大きな動きである。

先日、アメリカに行った時に、2000億円を作ったコンサルタントであり、私が〝ビジネス界のアインシュタイン〟と呼ぶマーティン・シェナルド氏から聞いた言葉は、この現状をきわめて明確に表現する。彼は次のように言っていた。

「1920年代からわれわれが経てきた変化は、トランゼッション（移行）であった。しかし、何回かのものは、トランスフォーメーション（変革、もしくは進化）である」

NPO的な経済モデル：神田昌典の〝NPO的なもの〟に対する見解は『2022―これから10年、活躍できる人の条件』（PHP新書　2012年発行）に詳しい。

実は、私も彼も、このトランスフォーメーションがほんの100年間という期間における変革だとは思っていない。少なくとも2000年間という期間における変革だと思っている。

つまり、今までの2000年を経てきた有史の歴史自体が終焉に向かいつつあり、根本的な変革、次世代への移行を余儀なくされるだろうと見ているのである。

このような劇的な変革が、これから数年間、起こり始めるのだ。この事実を、よく噛みしめてもらいたい。

●トレンドを現金化するタイミング

これだけ大きな変革が、今から起こるとすると、コンサルタントとしては小手先のテクニックだけ指導していてもどうにもならない。

世の中の環境が一定の場合には、小手先のスキル、つまり、ダイレクトメールの文章をどうするか、チラシをどう撒くかという話で成長させることができた。

そして、顧客獲得実践会も小手先のテクニックを伝えることによって、今まで急成長してきたのだ。しかしながら、顧客獲得実践会の存続意義をなげうってでも、今伝えなければならないのは、**どんな天才コンサルタントをもってしても、小手先では延命が難しい時代に入った**ということだ。

戦略が正しいければ、小手先のテクニック、すなわち戦術は簡単に売上をアップさせる。戦略は必要条件であり、戦術は十分条件なのだ。戦略が正しくない場合、どんなに戦術を工夫してもムダな努力である。

戦略とは何かと言えば、事業成長のために外的環境(会社を取り巻く環境)と内的環境(社内の資源)から最大限の強みを引き出すことである。これから外的環境が劇的に変化するのだから、そもそも参入する事業、商品が衰退期に向かう場合には、どうしようもない。

以前、私の自宅の近所に大判焼き屋ができた。大判焼きだけで生計を立てようと思っていたようだが、予想通り半年後には消えてなくなっている。この問題は、チラシを改善すればどうにかなるというものでもない。

頭がいい、悪い、努力する、しないとは関係ないのである。要するに事業構造上、存続が不可能なのである。そりゃ、一時的にマスコミに出れば、行列ができるよ。そして、「幻の大判焼き」とでもネーミングすれば、勘違いしたフランチャイジーが寄ってくるかもしれない。しかし、どれだけの収入を何年間得られるのか?

世の中の流れは、ちょっと考えれば明確なのにもかかわらず、気が滅入るほど日本人は対応ができない。そもそもライフサイクルという考え方が浸透していないために流れが読めないし、また人間の行動様式が分からないために、どのタイミングで流れに乗っていいのか分からない。

この波乗りのタイミングが分かると、大きな変革の時代は、零細企業を大企業に押し上げることができる。

つまり、あなたにとっては最大のチャンスが訪れているわけだ。

たとえば、塾業界。

塾業界については、数年前は悲惨な有様だった。チラシを1万枚撒《ま》いたところで電話は数件しか鳴らない。だから新規開業の塾については、とてもフランチャイズ加入費用がペイできない。この時は、もう塾は成熟業界だから持ち直さないだろうと思ったほどだ。

しかし、学習塾の中でトレンドに合った教育法をしているところは、集客が急速によくなっている。理由は、子どもが土日に学校に通わなくなったからだ。その結果、子どもがずーっと家にいる。ゲームばかりする。体力がない。親の言うことを聞かない。そこで急にパニックを起こし、「塾にでも行かせなくちゃ」となるのである。

そうなると自立学習といったような、勉強する習慣をつけるための塾、そして学校の代わりとなるような人間性を高める教育まで行う塾が流行《はや》ることになる。これが新しい成長カーブを作っていく。

だから、塾としては、自立学習としてブランド（信用・実績）を作り上げれば、数年後には大きくシェアを伸ばせることになる。

公文《くもん》は実に頭が良く、ちょうどいいタイミングで、「生きる力」という小冊子を配った。実によくできた小冊子だった。その結果、また市場シェアを伸ばすことだろうと私は予測している。

実は、以前からいくつかの塾は、チラシやトークに自立学習の重要性を見込客に訴えてきていた。しかし、見込客からの反応は惨憺《さんたん》たる時期が続いた。なぜなら、人は現実に痛みを伴わないと行動しないからだ。

ところが、痛みが起こったとたんにあたふたする。このような人間の習性が分かっていると、**痛みが起こる前には準備だけをしておいて、痛みを感じ始めたとたんに、計画を実行すればいい**ことになる。痛みを感じていないうちから仕掛けると費用がかかりすぎて、ほとんど商売ベースには乗らないのである。

これは「2000年問題※」の際もそうだった。人はギリギリになるまで動かない。12月31日に、2000年問題のために水や食料を販売した人は儲かっただろうが、それ以前に広告に投資したところは、2000年問題の認知度をアップすることに貢献はできたが、商売として考えれば大損である。

チャイルドシート※の義務化もそう。義務化されるまでは、ほとんど準備する人はいない。義務化されて、消費者がやっと重い腰を上げる。

なんと哀れなのだろうか！

われわれはきわめて危機的な状況にいる。警報サイレンがウーウーと鳴っているのに、誰も動かないのである。

結局、ノアの箱舟がそこにあったとしても、ほとんどの人は洪水がくるまで、行動を起こさない！

まぁ、これだけ鈍感な人が大多数なわけだから、時流の動きを予測できる敏感な人には、

2000年問題：西暦2000年になるとコンピュータの日付の認識が狂い誤作動する可能性がある、といわれたことから、さまざまなシステムの危機（ライフライン等）が懸念されたが、結果、大きな混乱は起こらなかった。
チャイルドシートの義務化：2000年4月施行。

簡単に儲かるビジネスができる。

例を挙げよう。

先日、誰でも知っているある著名人と会った（プライベートな会話だったので、匿名にしておく）。

3人程度の小人数でやっていた中国ビジネスで3億円の利益が出たと言っていた。彼は4〜5年前、「中国が伸びる」と予測して、どんな商売をしたらいいかと考えた。

「まぁ、中国経済の場合は、伸びるといっても乱高下はするだろう。すると、経済成長が7％になるまでは、中国政府はかなりの公共投資をするはずである。それでは、公共投資で必要になるものは何か……パワーシャベルである」

このように考えて彼は、日本のパワーシャベルの会社に掛け合って、中国に会社を設立。その会社に投資し、さらに自分は販売会社を設立した。初年度は、パワーシャベルが数台売れた。2年度目は数十台売れた。3年目は二百数十台売れた！　伝票を右から左へ流すだけで3億円の利益である。

まぁ、彼のすごいところは、金を稼ぐ能力もあるが、金を使う能力もあるということだろう。お金というのは、稼ぐまでが半製品で、使って初めて完成品という考えだから、スタッフと友人を連れてヨーロッパまでファーストクラスで、超豪華ツアーに行ったんだってさ。

こういう発想をしているんだよね。儲ける人というのはね。このように時代を読む目、そして変化に対応していく力が、私はこれからの経営者のもっとも重要な投資になると思うのです。

ファンドマネジャーの大竹愼一先生が、先日の講演会でも言っていた。

イラク戦争が起こった場合、株価にどんな影響を与えるのでしょうか、という質問に対して、

「日本人は、これが起こったらどうなるだろうかと発想する。だから、いつになっても世界から一歩遅れて、欧米のプロ投資家から食い物にされる。イラク戦争が起こることは、すでに織り込み済み。将来、このようなことが起こるから、現在、これが起こっていると発想しなければならない」

●古いライフサイクルから、新しいライフサイクルに乗り換えるには？

それじゃ、時代の流れにどのように乗っていけばいいのか？
私が考えるこれからの流れの一部を挙げると、次の通りである。

■ＮＰＯや使命感をベースにした理念がある企業の繁栄
■世界の価額差を是正していく動き
■許認可から守られた業界の破壊
■高齢化社会への動きに対する対応（世界でも日本ではもっとも深刻な問題を抱える）
■団塊ジュニアの起業教育
■老後生活のファイナンス
■より怠惰な生活への移行サポート（中食や宅配サービスの増加）
■よりスピーディに成果が出る商品・サービス
■団塊世代の青春時代を懐かしむニーズ

■起業家の子どもに対する教育サービス
■精神・内面世界へ傾倒
■ナノテクノロジー、バイオ等の先端技術の産業への移行

以上のような方向に向かって、急速に時代の流れが速くなっている過程が、現在である。この流れが今までとは比較にならないほど早い。そして、この流れについていくためには、嫌になっちゃうほど早いペースで、あなた自身、そして会社の仕組みを変更していく必要も出てくるだろう。

変更するには、破壊を伴う。今までやってきたことを切り捨てる覚悟がいる。利益率の悪い商品、顧客をどんどん切らなければならない。今までのこだわりを捨てて、自由になる。これを**創造的破壊**という。

「それじゃ、思い切って現在の仕事を全部やめてしまえ！」

そう、何も考えないで、放り出してしまう人がいるが、それはアホである。

現在、やっている仕事から必要な学びを得ていないと、結局、同じことが将来起きる。

そこで、今は決断しなくてもいい。想像するだけでもいいからやってみよう。

今一番、自分がやらなければならないと思っている仕事を、全部やめてみることを想像する。今はこの売上がなくなったら困るから大変だけど、やり続けなければならないと思い込んでいるもの。以前、やりたいと思っていた仕事だが、今はやりたくないもの。そういう仕事を例挙してみよう。

1.
2.
3.
4.
5.

この例挙された仕事が、実は一番怪しい。本来のあなたになるための障害になっている可能性が高いのだ。このような疑問のある仕事を、頭の中で消し去ってみるのだ。

そうした場合、どれだけの時間が浮くか？　どれだけ次の本当にやりたい仕事を手掛けることができるか？

そうです。この発想をすると、実はなくてはならないと思い込んでいたものが、実はなくても困らないことが分かるのです。

会員のみなさんは、本年度に向けて経営計画を煮詰めているところだろう。本年度、大きく飛躍する計画を練るにあたっては、やらなければならないと思い込んでいる仕事を、まずは、いっさいやめることを想像し、自由になったうえで、本当にやりたいことは何かを計画に落とし込んでみてほしい。

●戦略と戦術は、両輪で動く

前回、ゴールド電話会議では、70名近くの会員が参加された。その大量の質問を、短時間で処理するうちに、気づいたことがある。

今月は、この点について、まずお話ししよう。

質問の約6～7割が、現状のチラシ・DM等の販促の反応率を上げたいというものだ。

しかし、その問題を解決する前に、もっと重要な点を忘れている。

もっと重要な点とは、何か？

社長の戦略である。

チラシ・DMの反応を上げるのは、戦術である。戦術も大事なのであるが、実は、戦略が適切でなければ、どんな優れたDMを作ろうが反応は上がらない。そして、適切な戦略というのは、社長のビジョンが明確でなければ、生まれないのである。

ランチェスター経営の竹田陽一先生※によれば、結果における重要性を考えると、「戦略が8割、戦術が2割」という。私もその通りであると思う。

要するに、**戦略が正しければ、どんな人が売っても、そこそこ売れる。戦略が正しく、さらに戦術が正しければ、どんな人でも、億万長者になれてしまう**ということなのだ。

これは、けっして、誇張ではない。

億万長者は、頭がいいわけではない。**人生の戦略と戦術が、他人と違うだけ**なのである。

多くの会員が、現在、配ろうとしているDMやチラシの反応率を上げたいと考える。そりゃ、反応率を上げる方法もある。

私の本で事例を紹介しているように、反応が10倍に跳ね上がる広告もある。しかし、広告のやり方だけ勉強していれば、すべて問題はなくなって、永久に暮らしていけることは絶対にない。ぶっちゃけた話、チラシをちょこちょこといじって、反応が上がるという場合は、商品はいいのだが売り方を知らなかった場合が多い。

実際のところ、広告の反応率を上げるだけであれば、たかが知れている。

竹田陽一先生：ランチェスター理論（P159参照）を経営に応用し、中小零細企業に特化したコンサルティングで活躍するベテランコンサルタント。著書多数。

たとえば、ほんのちょっと余裕のある暮らしをしたいのであれば、それでいいのかもしれないが、「財政的に自由になりたい」もしくは、「万が一、自分の身に何かあったときのために、十分な資産を家族のために残したい」という目的のために経営をしているのであれば、**ビジネス自体の変革**をしていかなければならない。

もっと直接的な言い方をしてみよう。

次のデータを見てほしい。

【アメリカにおける富裕層の出身業界比率】

■１８０１〜１８５０年

・鉄鉱30・２％　・鉄道16・０％
・金融10・４％　・石油７・５％
・銀行５・７％　・鉄鋼５・７％
・運送４・７％　・その他19・８％

■１８５１〜１９００年

・石油15・８％　・自動車15・８％
・銀行10・５％　・その他57・９％

■1900年～

・ソフトウェア25・0％　・情報通信関連16・7％

・直接販売（通信販売・訪問販売）16・7％

・金融16・7％　・その他24・9％

これは、数十年前と、現在の億万長者のリストである。見ても分かるように、ほんの数十年前は、非常によかった産業が、今ではまったく長者のリストに挙がってきていない。そして、現在、儲かっている人たちは、コンピュータ関連や、金融、そしてコンサルティング等の情報関連ビジネスである。ちなみに、商人が富裕層になったのは、1800年以前である。

要するに、金持ちになる種には、「努力したか」「勉強はできるかどうか」とは、ほとんど関係ないということだ。**金持ちになるには、成長業界にいるかどうか**、が大きい。逆に言えば、既存のビジネスにしがみつくという意固地な決定をした場合、自分の事業だけではなく、自分の家族さえ巻き込むリスクが高いことが分かる。

別の例で、考えてみよう。

どこの町にも、小さな古びた金物屋がある。物干し竿や、漬け物バケツ等が、店頭に並んでいる金物屋である。客が入っていることを、ここ半年ぐらい見たことがない。仮に、このような店がチラシを配ろうとして、チラシを一生懸命、制作し出したとする。しかし、あなたは、この店の社長の年収をどこまで上げる自信があるだろうか？　どんな天才が寄り集まっても、年収1000万円の金物屋を目指すのは難しいだろう。

これは極端な例である。しかし、分かってもらいたいのは、変化しないでいると、こうなっちゃうのよ、ということである。ご存じの通り、金物屋は昔は地元の名士が多かった。にもかかわらず、現在、多くの店が廃業しているのは、**変化に対して臆病**だったからである。

●ズバリ、言おう

2003年は、予測力が非常に大事だ。

予測力は2002年も、2004年も、そして2005年も大事なのだが、今年は過去の比ではない。なぜ今年は、とくに予測が大事なのかといえば、急激な変化が起こるからである。

現在、景気が悪いと言われているが、今回の不況の根っこは相当深い。というのは、単なる景気循環による不景気ではなく、そもそも「欲しい」という欲求自体が変化してしまっている。

ひと言で言えば、**「欲しいものがない」**という段階から、**「持っているとマイナスの価値を生む」**商品が増えてきたのである。

たとえば、ファクスである。今までファクスは1社に1台が当たり前だった。しかし、現在の私の事務所ではワンフロアに3社が同居しているが、ファクスの器械は1台しかない。なぜなら、ファクスはパソコンで送受信できるので、器械自体を購入する必要がない。ペーパーレス事務所に移行しようとしているので、ファクスを持つこと自体がマイナスの価値を生んでしまう。

また、今までハンバーガー等のファストフードは、より便利な外食が増えるという潮流の中で成長してきた。しかし現在は、健康志向になっていて、罪悪感を感じながら、食べるという状況になっている。

これも消費することが、マイナスを生むことの例である。

つまり、成熟期が終わり、衰退期に入る事業が増えてきている。これを図で表すと、次ページのようになっている。

いったいこのような局面では、われわれはどうしたらいいのか？

事業が衰退期に入ると……

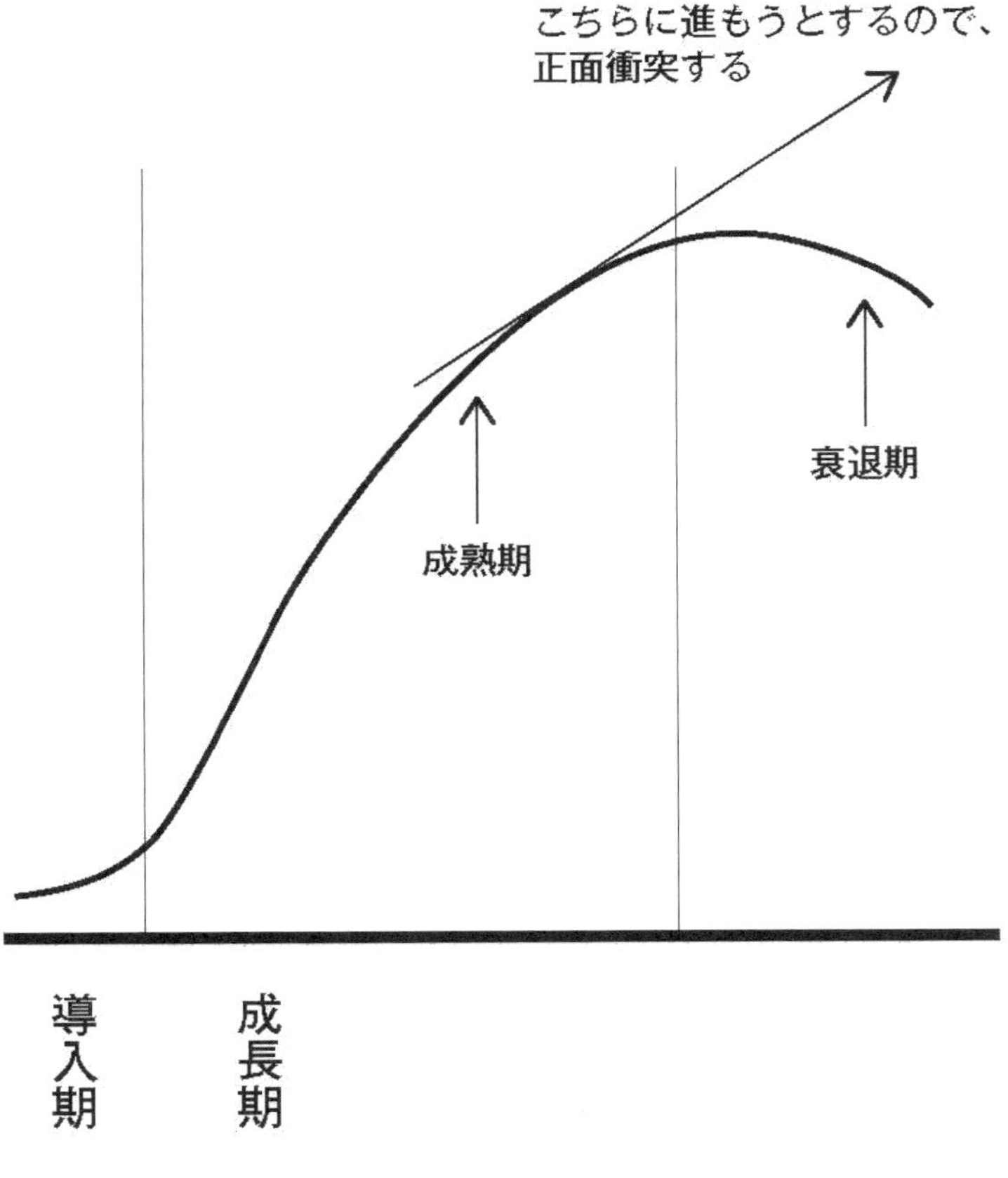
こちらに進もうとするので、
正面衝突する
成熟期
衰退期
導入期
成長期

前ページの図を、レーシング・コースと考えると分かる。

想像してみよう。

あなたは、時速３００キロで走るフェラーリに乗っている。とにかく先へ先へ進もうと、アクセルを床に付くぐらい踏んでいる。ところが、目の前には、急カーブがある。

ビジネスでは、目隠しのまま運転をしているので、この先、コースが曲がっていることさえ分からない。その結果、時速３００キロのまま、急カーブに突入。壁に正面衝突。車は炎上。

これが現在、多くの業界で起ころうとしていることである。

つまり予測力のない会社は、**カーブを曲がり切れず、大破**してしまう。

要するに、**変化が急激である時は、戦術の改善（運転技術）だけでは間に合わない。戦略（方向）の見直しが必須**となる。今までの延長線上でビジネスをやっていくと、どんなに一生懸命やっていたと思っても、その一生懸命さが仇《あだ》になってしまう。

リフォーム会社の例を挙げてみよう。

今までだと、リフォーム会社が業績アップを考えるならば、主としていかにチラシの反応率を増やすか、営業マンの効率を上げるかに注力してきた。しかし、２年ほど前から激戦地区において、リフォームではチラシの反応が落ち始め、とてもペイできる反応率が得られなくなってきた。

リフォームの成長期も終盤に入り、淘汰《とうた》の時期に入り始めたのだ。

こうなると地域３、４番手は辛い。チラシを配っても反応がない。

今まではチラシの文句を顧客のニーズ・ウォンツをつかむ言葉に替えれば、簡単に反応が上がった。人間は過去にうまくいった方法に、しがみつく。そこで、反応がないのは、チラシが悪いからだと、チラシを直すのに精力を傾ける。

しかし今回ばかりは、チラシを変えれば、変えるほど反応が落ちていく。

反応が悪いのを不景気のせいにする。その結果、思考が停止する。

そう。不景気を、頭を使わないことの言い訳にするのである。

ところが、どっこい。方向を変えた会社は、この時期、なんでこんなに顧客が集まるのかとびっくりしている。

先日、実践会パートナーの佐藤昌弘先生から聞いた話だが、リフォーム会社が小さなガーデニングの看板を出した。それだけで約80人の顧客が集まったという。看板だけだから、顧客獲得コストはゼロである！

反応率のゼロは悲しいが、顧客獲得コストのゼロは美しい。

さらに実践会パートナーの平秀信先生のクライアントであるガーデニング会社「庭の音」の斉藤社長が小冊子を作成。それをマスコミに売り込んだ。うまく『読売新聞』に記事として掲載された結果、なんと有料（３００円）の小冊子が82冊も売れたという現実がある。この場合は、顧客獲得コストがマイナスだ。

これが、戦略があるかないかの違いである。

戦略のないリフォーム会社はチラシの改善に情熱を上げるばかり、周りで起こっていることが目に入らない。その結果、気づいた時には、ガーデニングで大量のお客を集めた２番手、３番手の会社に引っくり返されてしまう。

この市場の動きは、予測可能である。数年前に激戦区でリフォーム市場が成熟した。成熟したということは、季節で言えば冬の時期。**冬は、すべての終わりと同時に、すべての始まり**。

つまり、その時期には、頭の良い賢い会社は、次の新しい成長カーブを描くようになるのだ。

流れに乗っている会社は、事業ライフサイクルの秋の時期に収穫することができる。投資が少なくなるので、利益が残るのである。

その利益を蓄えているから、社長がじっくりと秋の間に、休養をとることができる。賢い社長は、会社に出社しなくなる。会社を社員にまかせて、自分はハワイでサーフィンばかりしている。

一見、遊んでいるように見える。ところが、**社長がいないがために、会社では実務家が育つ**。遊んでいる間に、社長は次の事業のアイデアを仕込んでくる。そして、会社の基盤が強固になったところで、次の成長カーブとなる新しい事業をスタートできることになる。

一方、流れに乗っていない会社の社長は、秋の時期にこれからも同じように儲かると考えて、社員を増やす。営業所を拡充する。自社ビルを建てる。ところが、ビルができたとたんに、低収益の冬の時代に突入する。収益予想がはずれて、「こんなはずじゃなかった」と顔が青くなっている。

つまり、**流れに乗っている社長は、遊んで成功する。流れに乗れない社長は、年中働いて失敗する**……ということ。

こんな不条理なことがあっていいのか!?　私だって、そう反論したい。しかし、事実なのだから仕方ない。

ハワイで遊んでいる社長の会社が伸びているというのは実話。

このように成功している企業の社長は、**予測力があるから、絶妙なタイミングで、今までのビジネスを人にまかせる**。長い休暇をとる。その間に、新しいアイデア（事業の種）を拾ってくる。

ところが、予測力のない社長は、前年比０％を目標にがんばるから、増やしてはいけないタイミングで間接費を増やす。自分がやらないと誰がやる、とがんばるから、いつになっても社員が育たない。

それればかりか、アイデアが枯渇《こかつ》してくるから、事業ライフサイクルを新しいカーブに描き変えることができない。

なんと不条理な世界なのだろうか！

一生懸命やることばかりが能ではない。

今や**世の中の流れを予測すること**。**これが経営者の絶対条件**になってしまっている！

今までは、右肩上がりの成長をどの業界もしていた。だから誰でも、同じ方向に進めばよかった。右肩上がりの経済成長のもとでは、同じ方向性にアクセルを踏めばなんとかなった。その世界では、ほんのちょっと人より多く努力して、アクセルを噴かすことが重要だった。

ところが、今この時代は、前の方向性を確認することが最優先課題。前の方向性を確認せずに、アクセルを噴かすと、コーナーに激突する。

１つのカーブを曲がり切ったと思ったら、すぐ次のカーブがある。**スピンカーブの連続。**今までの経営環境では考えられないことだ。

だからといって、アクセルを踏まないと、もちろんダメになる。

私が強調しているのは、コーナーの方向性を見きわめ、素早くシフトダウンして、コーナーに入ったら今度はアクセルを噴かすということだ。

正直、この作業は難しい。ほとんどの会社の社長は、絶対にできない。

なぜなら予測力を持たないからだ。事業の方向性を予測するなんてことは、一度も教わったことがない。そもそも教える人が、ほとんどいない。

今はアクセルよりも、予測とコントロールが重要なのだ。

●自分の位置付けをライフサイクルで確認する

まず手始めに調べることは、自分の位置付けを知ることである。

そのためには、どうすればいいのか？

自分の業界、または自社の商品のライフサイクル上の位置付けを確認することである。

このことは、『口コミ伝染病』（フォレスト出版刊）の第1章で、詳しく解説している。どんな事業にもライフサイクルがある。それは、簡単に言えば、「導入期・成長期・成熟期」に分かれる。

ここまでは、誰でも知っている。しかし、きわめて重要でありながら、ほとんど知られていない事実が2つある。

その1つは、**成長期で、売上（もしくは収益）の85％が生み出される**という事実である。2つ目は、**導入期と、成熟期は、それぞれ7・5％しか売上が上がらない**、ということ。つまり、**導入期と成熟期にいるかぎり、その少ない収益のパイを争っているだけ**となる。

導入期にいる会社の特徴は、誰も知らない商品なので、商品を認知させるために莫大なコストがかかる。そのために、売っても売っても利益を出さないという時期が続く。成熟期にある場合は、少ない利益にしがみつこうとする会社が多いため、常に価格競争になる。要するに。年々忙しくなるにもかかわらず、生活はさらに厳しくなるという状況だ。

成長期のタイミングを見きわめる重要性を伝えるために、ちょっとしたエピソードをお話ししよう。

先日、ある伝説の経営者にお会いしてきた。この先生は、以前、フロッピー部品を製造する会社を経営し、**社長1人と女子社員2人で、年間75億円を売り上げ、そして全世界の3割のシェア**を取っていた。このフロッピー事業を開始した頃、利益が取れるのは、「カセット10年、ビデオ5年、フロッピー3年、MDは0年」と言われていたそうだ。そして、3年後に見きわめをつけることを考えながら、ビジネス展開した。この名経営者は、今まで手掛けるものすべてを当ててきたが、その事業に対する仕組み感覚、そして、1つの事業をやり遂げると必ず、次のビジネスニーズが見えてくるという非常に面白い事例である。

ライフサイクルを考えれば、成長期直前で参入し、成熟期直前で会社を売るというのが、最適な戦略となる。ところが、このような認識が、一般にはない。「儲からないのは、努力が足りないからだ」と、世間から思い込まされてしまっている。

その結果、時機を失って、成熟期になっても、ずるずると同じことを繰り返しているために、年々きつくなるわけである。

●ビジネスを新しい成長に持っていくタイミング

それでは、次のポイントは何かと言えば、成長期に入るタイミングと、終わるタイミングをどのように見きわめるかである。

この**時期を予測できるかどうか?**　答えは、**簡単に予測できる**のである。そして、この予測法は、人生を左右するほどの、きわめて重要な知識である。

実は、ライフサイクル上の、導入期、成長期、成熟期の3つの時期は、それぞれがまったく同じ年数になる。たとえば、導入期が15年あれば、成長期が15年、成熟期が15年となる。成長期の折り返し地点から、チラシ広告の反応は落ちるわけだから、成長期の初めから7・5年で反応は落ちてしまうわけだ。要するに、かなりの確率で、いつ頃からチラシの反応が悪くなるのかが見えるわけである。

この法則は、自動車、ファクス、コンピュータ等の普及過程のほとんどに当てはまる。

世の中って、こんなにシンプルな法則に従って動くようにプログラムされている。そのルールを知っているか知らないかで、あなたの夢がどこまで実現できるかが、決まるわけだ。

このようにライフサイクルの見きわめ方を知っていると、正直、危なっかしい業界が多い。たとえば、葬祭業界では、今盛んに大きな斎場を造っているが、もうすでにピークがきている。車検についても、回転寿司についても、リフォームについても、印鑑チェーン店についても、すでに今までのままではピークを迎えている。

ということは、チラシを配っても、もうどうしようもない時代に、すでに入ってしまっているか、それとも、ほんの手前まできているということだ。これらの業界は、特定の商品への専門化、顧客の絞り込み、サービスの差別化、新たな流通ルート開拓、新たな成長商品の開発等の策をとって、**新たな成長カーブを作り出す必要性**が出てくる。

逆に、これから面白いのが、ＩＴ業界、１０００円料金のチェーン理容店、視力回復手術、シルバー層をターゲットにしたフィナンシャル・サービス等が考えられる。

以上、すでに成熟してしまっている業界の会員には、耳が痛い情報かもしれない。しかし、そこに車が来ていることを知っていれば、少なくとも最悪の事態は避けられるであろう。**最悪を想定して、最良を目指すほうがいい**わけだ。

多くの産業では、ライフサイクルが年々短くなっている。だから、繰り返すが、現在、変化に対して躊躇していることは、大変なリスクを抱えることになる。

●新しい成長カーブを作る

それでは、われわれは具体的には、いったい何をすればいいのか？　実際問題、ほとんどの日本の会社が、成熟期で右往左往しているわけである。それから抜け出し、新たな成長期の軌道に乗っていくには、どうすればいいのか？

この答えは、オーディオセミナーを毎月お聞きの方なら、分かるだろう。というのは、オーディオセミナーでインタビューされる人は、**それぞれ違う言葉は使うが、ほとんどの方が、同じことを言っている**からである。

企画塾の高橋憲行先生※の言葉を借りれば、**コンテンツビジネスの時代**だということだ。そうすれば、成熟業界でも、新たな成長カーブを作り出すことができる。

東亜食品工業の木子社長※は、「モノではなく、コトを売れ」と言う。

ワクワク系マーケティングの小阪裕司先生は、「モノではなく、体験を売れ」と言っている。

高橋憲行先生：株式会社企画塾代表取締役。企画と企画書の体系化を創始し、大企業を中心に多数の企業に導入。数々の事業やヒット商品に関わってきた「企画の達人」「企画書づくりの第一人者」。企画・企画書に関する著書多数。

木子社長：東亜食品工業㈱代表取締役にして経営コンサルタントの木子吉永氏。〝小さな会社〟の経営についての著書も多数。

私は、共感を核にしたメンバーシップ・マーケティングが鍵と見ている。結局、ほぼ全員が同じ結論にたどり着くわけである。要するに、商品に情報という付加価値を付けて、お客から共感を得られるようにしないと、利益がますます取れない時代になるわけである。「コンテンツビジネスが重要だ」と言うと、抽象論としては、分かってもらえる。しかし、個別具体論になると、どうやっていいのか、さっぱり分からないと思う。普通は、ソフトウェアを販売するのか、フランチャイズ化するか、またはコンサルタントになるのかなどと思うだろう。もちろん、その事業分野に進出してもいいが、それよりも、もっと確実なのが、**既存ビジネスをコンテンツ化すりゃいい**※のである。

既存の商売を、コンテンツビジネス化するのは、さほど難しくない。結局のところ、**あなたの業界で、お客様に役立つ情報を発信**すればいい。そういう単純な話である。

今の時代の特徴は、コンテンツ配信はきわめてラク。しかもネットを使えば、ほとんどコストはかからない。配信よりも、コンテンツの制作のほうが難しい。その結果、コンテンツをもっているほうが有利になる。

コンテンツとは、要するに、お役立ち情報である。考えてみれば、実践会では、ニュースレターを書くことがきわめて重要なことだと、毎回毎回、言っているから、多くの会員がニュースレターを発行している。初めは、「こんなん誰が読むんだろう」と思うが、私

既存ビジネスをコンテンツ化：「自身（自社）のノウハウを売る」という既存ビジネスのコンテンツ化は、この原稿（ニュースレター）が書かれた2001年当時、中小零細企業の戦略としてはきわめて斬新なものであった。

がうるさく言うもんだから、とにかく書き続ける。すると、情報がたまってくる。半年も経てば、文章も上達している。お客の噂にもなる。

お客から褒められるので、楽しくなってくる。すると、もっとうまくなろうと工夫する。さらに、お客の評判が上がってくる。そのニュースレターに対する反応がよくなってくるので、他社からの広告や提携話が出てくる。そして、そのニュースレターのコストを正当化するために、バックエンド商品を取りそろえるようになる。

さらには、ニュースレターを核に、集客および顧客フォローができてくれば、集客ノウハウがあるから、「それを教えてくれ」と代理店ができる。つまり、フランチャイズ化が可能なわけだ。

要するに、**重要なことは、コンテンツを発信するという初めの一歩を踏み出すことであって、この後、コンテンツ化は自動的に進む**のである。既存ビジネスをコンテンツ化するのに、考える苦労はいらない。初めの一歩を踏み出すのに、決断が必要なだけだ。その初めの一歩がお客様の声を集めて、ニュースレターを発行することである。すべてのプロセスの発端は、ここにある。

この単純なことができる会社は、善循環に入って、3カ月もするとビジネスをやっていて楽しいようになっていく。しかし、この簡単なことができない会社は、土壇場になるまで言い訳を言って、何もしない。「自分の業界では、こんな状況だから……」「うちの会社は、特別でして……」と言っていると、時間はあっという間に過ぎる。冬の時代に入ってからでは遅すぎる。

かなり脅かしたが、なぜそうしたかというと、多くの人が、まだ本当に大事なことに気がついていないからだ。今後5年成功するパターンを学んでいただきたかったので、あえて聞きたくないような真実を書いたのだ。

第5章

あなた自身のライフサイクルを知る

ライフサイクルは、
企業活動のみならず、個人の人生にも当然存在する。

「自分の人生をコントロールする」

「人生の波に乗る」

これら成功法則の〝究極の目的〟とも言えるテーマの、神田流解釈！

●逃げるが、勝ち

「思いがけないプレゼント」として開催した実践会のゴールドQ＆A会議には、運送会社のドライバーから、上場企業の社長まで120社を超える多様な方々が参加された。

私のミッションは、クライアントの成功のために徹底的に頭を絞るということだ。だから、100以上の質問のうち、ほとんどの会社には答えを出したと思う。

しかし、どうしても答えが出なくて、「ごめんなさい」をした質問がいくつかあった。そうすると、質問した人の満足度はきわめて低くなることは分かっている。「神田さんなら、びっくりするような解決策を出してくれるんじゃないか」と期待しているからである。

その期待を満たさないのには勇気がいる。でも、あえて「私は分かりません」とお答えした。なぜなら、**解決策を出すことが必ずしも、その人のためにはならない**からである。

質問というのは、すでに解答のための前提を含んでいる。そして、すでにその前提条件が間違っている質問もある。

そして、**間違った前提条件を信じているかぎり、その人はムダな努力を繰り返す**からである。

たとえば、運送会社B社のドライバーが来ていた。ドライバーで、実践会に入って勉強しているのだから、きわめて優秀な人。この人が独立して優秀な社長になっていくのは時間の問題だろう。

しかし、彼にはやっかいな問題があった。上司からライバルのA運輸よりも高い値段で仕事を契約してこないといけないと言われているらしい。「以前は、安くなりますよ」ということで、十分仕事を引っ張ってきた。しかし、今は仕事を安く引っ張ってくると、怒られる。A運輸よりも、高く契約してこなければならない。もちろん、仕事を引っ張ってこなくても怒られる。

このドライバーが経営者であり、販促手段の決定ができるのであれば、それなりに方策はある。しかし、ドライバーであるから、取れる販促手段は少ない。ほぼ身体ひとつが勝負である。

悪いとは思ったが、私は、**「そんな上司のもとで働くなら、辞めたら……」**と言った。

なぜか？　もちろん、そんな状況でもがんばってやりたいというのなら、できないことはない。既存客からお客を紹介してもらう。徹底的に拝み倒す。大口となりそうな会社の前を毎日掃除する。このように根性、根性で、大きな契約が取れるということも考えられる。しかし、負けるが勝ちということもある。**負け戦に、挑んではならない**。ダメなものはダメと、見切る勇気もきわめて必要なのである。やるだけやって、ダメなものはダメなのである。全力を尽くしてダメだったら、潔くあきらめるのも必要なのだ。

●自分の人生をコントロールできないという不幸

このドライバーが直面している理不尽な状況は、フランチャイズビジネスに頻繁に見られる。たとえば、フランチャイズの方から質問を受ける。質問にお答えすると、必ず次のように言われる。

「フランチャイズ本部に従わなければならないから、それはできない」

制限、制約がいっぱいある。その不自由な中で我慢して事業をやっている。このような状況を見ると、私は次の話を思い出す。

猿を捕まえる時の話である。猿を捕まえる際に透明のボールを用意する。その中には、ピーナッツが置いてある。猿は、ボールに開いた小さな穴から手を入れて、ピーナッツを取ろうとする。しかし、手を握ってしまっては、ボールから手を抜くことができない。そうやって、もがいているうちに人が近寄ってきて、網を上からかぶせるのである。そして簡単に捕まってしまう。つまり、**ピーナッツを手放したくないがために、人生まで失ってしまうのである。**

儲からない商売だともがいている間は、人生を浪費する。その間、儲かる人は儲かる商品を扱い、そして、儲かる仕組みを築いていくわけである。

さて、あなたは、このようにピーナッツを手放さないために、罠にはまってはいないか？

私は別に、今すぐピーナッツを手放しなさいと言っているわけじゃないよ。そりゃ、自分の食い扶持《ぶち》がそこにあれば、手放すのは大変なリスクだからね。ところが、自分が罠にはまっていることを認められなけりゃ、次の一手は取れない。つまり、**行き詰まりを打開するためには、自分の状況を客観的に見なけりゃ、ダメ**なんだよな。

『口コミ伝染病』という本で、私はあるイラストで表現したことがある。

水を飲もうと、井戸の奥底を掘り進んでも一向に水がない。あきらめて、井戸の外に出てみたら、そこには豊富な水があった。今の時代、そういうことが頻繁にあるのだ。

●一生懸命やっているからこそ言いたい。今から準備をしよう

私はサラリーマン時代、2年後に独立することを決めた。独立をするためには、独自のノウハウがなければならない。そこで、会社の予算で、ダイレクト・レスポンス広告を徹底的に実践した。

ある会員は、以前、宅配便のドライバーをやっていた。その際、彼は顧客の意見を聞きながら、通販会社の販促物の流通に特化した運送会社を自分で起こした。ある別の会員は、化粧品会社の荷物を配送しながら、リピート率がきわめて高いことに気づいた。そこで、その会社の地域販売代理店になった。

すなわち、現在の会社で、全力で働くことが独立につながってくるような仕事の仕方をするのである。このように現在のプラス面を維持し、バランスを取りながら、将来に向かって行動を起こすのである。**第3の道を探す**のである。

選択肢を持たなければ、行き詰まりとなる。行き詰まり状態を打開するには、まず現状を確認する。そして、とにかく「失敗してもいいじゃないか」と、気楽に一歩を踏み出すことが重要なのである。

●何のために会社に何十年も通う？

先月、私のセミナーに参加した人と懇親会をしていて、大変面白いことを聞いた。自ら中間管理職と言っていた女性が、ビールを飲みながら言った。

「セミナー参加者の中で、この社長は伸びるかどうかが、本当に分かりますね。休憩時間の過ごし方で、分かるんです」

「そりゃ、面白いね。どういう違いがあるの？」

「う～ん、そうだなぁ。優秀な社長は、いつもニコニコしながらほかの多くのセミナー参加者と交流を持っているんですけど、こりゃダメだなという社長は、だいたい眉間《みけん》にシワを寄せていますね。そして休憩のたった5分間で、**携帯電話で社内にいろいろ指示**しているんですよ」

「どんな指示をしているの？」

「それが、細かいところをいちいち指示しているんですよ。そんな姿を見ると、あぁ、この人は、この**5分間のために毎日会社に行っている**んだ。そう分かるんですよ」

5分間のために、毎日、会社に行っている。

誰でもできる仕事の指示をするために、会社に何十年も通い続けるわけである。この間違いを、あなたも犯してはいないだろうか？


彼女の観察は大変鋭い。

休憩時間の過ごし方で、その人の実力が分かるというわけである。

実は、あるテニス選手も同じことを言っている。極限のプレッシャーの中で試合をするテニス選手。そのような環境で、人はいかに実力を発揮するか？

世界ランキング200位の選手と、世界ランキング10位以内の選手の違いはどこにあるか？　これをジム・レーヤーという世界的なスポーツコーチが調査した。すると分かったことは、コートの上では、技術的にはまったく誰もが同じレベルにあったのである。

つまり、体力的にはほぼ全員が同じレベルにあり、誰が1位になっても不思議ではない。

ところが、何百もの試合のビデオを何回も見ているうちに、1つの大きな違いを見つけた。

その違いは、何か？

それは、ゲームの間《ま》である。

ボールを打ち返すゲームとゲームの間。ボールがサーブされるまでの間、ここに約20秒の時間がある。その20秒の過ごし方が、上位の選手と下位の選手とはまったく違う。

どのように違うかと言えば、上位の選手は、20秒の過ごし方がいつも均一である。落ち着いている。前のボールが最悪でも最良でも、まったく過ごし方が変わらないのである。

ところが、下位の選手は、いいボールであれば喜び、悪いボールであればラケットを投げるという行動を取る。世界ランキングレベルの選手は、**身体の能力差ではなく、精神のレベルで勝敗が決まる**ことが分かったのである。


テニス選手と同様、経営者も休憩時間の過ごし方で、勝敗が見えてしまう。ダメな社長は、携帯電話で指示をする。眉間にシワを寄せている。そして、自分のやっていることが正しいと思って、異業種の参加者からのアドバイスを受けられない。次のような口グセがある。

「うちの業界は、特殊だから当てはまらないんですよ」

「やってみたんですけど、ダメだったんですよ」

「そりゃ、難しいですね」

以上の言葉を言っていたら、ダメ社長というラベルを貼って歩いているようなもんである。

スポーツ選手は、一瞬たりともネガティブな気持ちを持たない。

たとえば、ボクシング。試合の最中、一度でも「こりゃ、やばい」と思った瞬間に、顔面にパンチが飛んできて、ノックダウン。試合終了。つまり、一瞬でもネガティブな心、自信のなさが現れてしまっては、それが致命的になってしまう。経営者も同様。経営もきわめてメンタル（精神的）なもの。一瞬たりともネガティブな心を持っていては致命的な欠陥になる。

私はフォトリーディングという、3日間で最低2倍速く本を読むことができるようになるコースを教え始めてから、このようなメンタルの部分での人間の違いに非常に気づくようになった。そもそもフォトリーディングというのは、読書なわけだから、誰でもできる当たり前のスキル。にもかかわらず、初めのうち、多くの人が「難しい」「えぇー、できない」という言葉が出るのである。

教えているうちに分かってきたのが、能力を発揮するうえで、「難しい」という言葉が、きわめて致命的な言葉であるということである。「難しい」と口に出して言うことは、難しいということを今度は自分で証明し始める。だから、**「こんなのできない」と思ったとたんに、本当にできなくなる**。それが読書という誰でもできるスキルだからこそ、如実に見えてしまうわけである。「難しい」「できない」という口グセは、きわめて伝染性の高い病気である。

この病気を治す、とても簡単な方法がある。

「難しい」という口グセが出たとたん、「もし簡単だとすると……」という質問をしてみる。

「分からない」という口グセが出たとたん、「もし分かるとすると……」という質問をする。するとと何も問題なくできてしまう。

質問するだけでいい。お金がかからない。質問をしたとたん、脳はその質問に答えざるを得ないという機能を使うわけだ。

今月も多くの実践事例が寄せられている。実践事例を読めば、「自分の業界じゃ使えない」「今はできない」「あとで考えよう」と言いたくなる。その場合、「自分の業界でできたとしたら、どんな爆発的な効果が得られるだろう？」「小さなことでも、とにかくやってみたら、どれだけ儲かるだろう？」と質問してみるといい。

「自分の業界ではできない」と思える事例こそ、自分の業界に応用できた時、大変な効果が得られるのだ。さっそく、ペンを持って、自分の業界への応用法を考えながら読んでみてほしい。

●衰退業界に身を置くのは辛いけど、使命を担うヒーローもいる

ある実践会会員から、大量の実践報告が寄せられた（次ページ参照）。ページ数にして30ページを超えるために、全文を掲載することはできないが、実践会に入って1年間の実践をすべて克明に記した素晴らしい日記があるので、それを掲載する。転んだ数だけは負けないという実践報告である。このレポートを読むと、彼が歩んだ1年間の苦労が分かると思う。

最大の教訓は、和タンスという成熟業界（というより衰退業界）に身を置く辛さである。

実は、私はこのレポートを読みながら、自分の苦労を思い出した。

輸入家電を販売していた時のことである。

私は何から何までやった。量販店営業、零細小売店営業、消費者営業、工務店への営業、商品開発、カタログ制作、マニュアル制作、ＰＬラベルの制作、料理ブックの編集、アフターサービス・マニュアル制作、電子受注システムの構築、全国アフターサービス網の構築、点検部隊の編成、故障機種の点検、出荷前商品の点検、輸入通関業務、中国提携先工

エモーショナル日記

2002.02.10

雪。一日待ったが来客なし。そりゃそうだ。セールスレターもチラシもなんも出してないから。でも立て看板を見て、お客さんが来る、それが信じられない。魔法の看板。

2002.2.11

この日も雪。今日もお客さんは来ないなと思っていたが、2組来店。立て看板を見て。1組は全然ダメ。もう1組は先日も来てくれた方。和ダンスが気に入っている。結局売上0。

2002.02.12

今日は○○に納品と出張。今、家具業界で業績を伸ばしているS、店長を訪ねる。通された事務所には、毎月の売上件数が書かれたホワイトボードが掲げられ、2月の目標があった。1000万だった。店長さんは、ぼちぼちですよと言っていた。年商、約3億くらいではと見た。

帰ったら母から、国民金融公庫から電話があり、今回の貸付はダメとのことだった。800万申請して、500万でもいい。金がない。

（中略）

2002.6.24

今日は本当についている日でした。午前中に、問屋さんから注文の電話で1本注文。午後一番に、「広告を見て」とセールスレターを送ったお客様からの問い合わせ。そして、広告で資料請求をしたお客様からも夕方に注文が入った。

150万円の特注品だ。とはいえ3本で150万なので手放しで喜べないが、とりあえずOK。これに満足しないで、もっと注文とっていきますよ。

そして、遠方のお客様からも、また「広告を見て」という問い合わせがあった。今日は本当についている。

場の視察、日本メーカーとのOEM交渉、米国CEOへのアジア戦略のプレゼン、POP制作、パッケージデザイン、保証書のデザイン、銀行融資の交渉、大手家電メーカーとの損害賠償交渉等々。

これほぼ1人でやったのである。公表している売上は8億円だが、実際にはOEMでの取引があったので13億円まで売上を作った。死にもの狂いだった。

これだけ働くことは、もう二度とないだろうと思うぐらい働いた。

辛かったわけではない。実は、毎日が知識の吸収、経験の蓄積であったから、これほどビジネスが身に付いたことはない。今私が、どんなビジネスを持ってこられても、たいていのアドバイスができるのは、**クレイジーな数年間**があるためである。

そして、会員の彼も、大変な1年を過ごしたと思う。たぶん自分の家業をやっているのだから、サラリーマンの立場で働いた私とは比較にならないほど、精神的には辛いに違いない。

しかし、今の経験は金を積んでも得られない経験となるだろう。はっきり言っておく。現在の彼のエネルギーをかけて、ほかの事業をやった場合、あまりの容易さにびっくりするぐらいだと思う。

とはいえ、実際に彼と同じような年齢、同じような知力、同じような仕事に対する情熱を持っている人のほうが、年収ははるかに多い。これが現実である。

この現実を突きつけられるのは、彼やそのご家族にとっては聞こえのいいものではない。私だって、言いたかないのである。これを読んでいるあなたにとっても、「そんなことを言わなくてもいいのに」と思われるだろう。

しかし、現実を見きわめたうえで対処していったほうがよほど安全な運転ができる。だから言いたくないことを、あえて伝えている。

ちなみに、私も家業（学生服販売）で言えば3代目だ。

うちの祖母は、私に家業を継いでほしいと思いながら息を引き取った。私の父親も本音のところでは、継いでほしいのだろう。しかし私は、家業を継がないという選択をしている。私は学生服を販売することに、自分が取り組む意味を見いだせなかった。その代わりに、もっと自分の役割としてしっくりする現在の仕事を選んだのである。

●使命感で取り組む商売VS打算で取り組む商売

それでは彼は、仕事にどんな意味を見いだすことができるのか？

私は日本の文化や伝統がこれからますます脚光を浴びるようになると見ている。なぜなら、現在のキリスト教とイスラム教の争いの中で、良識ある世界の人々は東洋を見直すようになるからである

その際、日本の文化、伝統、思想は大きな役割を果たすだろう。だからこそ、彼のように若い世代で、ビジネスとして日本の伝統に取り組む存在はきわめて重要である。

現在、実践会では、日本酒の蔵元の若い経営者が何人もひそかにがんばっているが、彼らと同じ流れに彼はいるのだと思う。つまり、日本の伝統的な商品の販売を通して、日本の文化を世界に広げる役割である。

商品は、思想を伴う。ジーンズが日本に輸入された時に、われわれは着るものを買ったのではなく、アメリカの思想を受け入れた。だから彼は、タンスというイレモノを販売しているわけではなく、日本の思想を伝える役割なのだろう。

彼は、家業を継ぐ選択をした。この決断には、並々ならぬ勇気がいったに違いない。たぶんほかの和タンス製造会社の後継者と同様、サラリーマンになったほうが楽な生活ができたかもしれない。

しかし彼のように、日本伝統を引き継ぐ1人の男が成功すると、そのほかの日本の伝統文化の、すべての後継者が勇気づけられるのである。それは単なるビジネスの損得勘定よ

りは、数段価値あることである。

もちろん彼は、パートナーの岡本吏郎先生からこの辺のコーチングは受けているだろうから、自分の役割を知ったうえで、家業に取り組んでいると思う。そして、和タンスを復活させるために骨身を削っているだろう。岡本先生が言っているように、「なぜ和タンスの家に生まれてきたのか」、それについて自分なりの答えも出していることと思う。

それだったら、チョイスは1つだ。

徹底的にやってみよう。

しかし、キャッシュはできるだけ使わない。無借金経営を目指すこと。そして、毎月のキャッシュをできるだけ早くプラスに持っていくこと。

私が同じ立場だったら、インターネットでのトップブランドを目指すだろう。すでにマスコミに多数掲載されているから信頼性はばっちり。3代も続いているのだから、何らかの賞を何回も受賞しているに違いない。その賞状を写真に撮って、ホームページに掲載する。和タンスに関してはトップであるという位置付けを1年以内に確保する。そして輸出も視野に入れる。

仕入れ条件の価格が厳しいのだったら、コストを安くする方法を考える。デフレ下では、価格が突破口になって、ユニクロのように急成長するケースが多くなる。アキュラホームはコストを削減する方法を開発したから、一気に業界地図を塗り替えて上場企業を作るまでになった。

どうやって住宅業界がコストが削減してきたか学ぶといい。

パートナーコンサルタントの平秀信先生は、「建築コスト削減法」を解説した小冊子を独立時に作った。タンスのコストを削減する時にも、参考になるヒントがたくさんあるだろう。コスト削減できたら、ソニーファミリークラブや、通販生活と取引できる。

私が以前、取引していた会社は、通販生活に取り上げられたために、一瞬にして年間1万台の暖房機の受注が流れ込み、数億円の利益を得た。その結果、瀕死《ひんし》の状態から、奇跡の復活を遂げている。

コストを安くすると同時に、めちゃくちゃ高い商品も用意するといい。先日、沈没した船から回収された鹿の皮を使った靴が、10足限定で製造されることが新聞に載っていた。なんと価格は、1足60万円！

このように、めちゃ高い商品を開発すると話題性があるために、マスコミに掲載される。すると本当に買う奴が出てくるのである。下着会社が、ダイヤモンドを散りばめてある1000万円のブラジャーを作るのと同じ方法。

マスコミを使ってブランド化するゲリラ手法である。大変な役割を背負っているからこそ、彼の道のりは決して安易なものではないかもしれない。しかし、価値ある道のりである。

●あなたの12年間を予測する

最近、私はすごい発見をした。それは何かと言えば、人生の「春夏秋冬理論」である。

実は、先月末、ゴールド会員向けに次のようなファクスレターを出している。まずは、読んでみてほしい（236、237ページ参照）。

このアイデアは、『60分間・起業ダントツ化プロジェクト』（ダイヤモンド社刊）という本を書いている最中に浮かんできた。本当は、一刻も早く執筆を完了しなくちゃと焦っていたにもかかわらず、どうにも気になって執筆を一時中断。私の過去12年を振り返った。

その結果、仮説段階であるものの、人生を季節として捉える方法が腹に落ちることが多々あり、2ページのレターを一気に書いてしまった。同じトピックを、このニュースレターでも書いているのはなぜかと言えば、ある大きな謎が解けたと思うからである。

その謎とは……、

実践会会員の中で、**なぜすぐに結果が出る人と、数年経たないと結果が出ない人がいる**

秋		冬	
1991	MBA	1994	結婚
1992	MBA、コンサル会社入社	1995	ダイレクト・レスポンス&フォトリーディングとの出会い
1993	家電メーカー入社	1996	修業時代（試行錯誤）
春		夏	
1997	結果が出始める	2000	『90日』ヒット
1998	独立	2001	『口コミ』『フォトリーディング』ヒット
1999	『小予算』出版等	2002	『非常識』ヒット

面白いことに、現在、商売になっているダイレクト・レスポンス・マーケティングとフォトリーディングとの出会いは、実は同じ年に起こっているのである。つまり、これがなんと、新しいアイデアと出会う冬の時期なのだ。

そして私は、現在は夏の真っ盛りということになる。夏の時期というのは、成長カーブに乗せられて、勝手に伸びてしまうという現象が起こる。ここを自分の実力と勘違いすると、ビルを建てちゃったりして、足元をすくわれるわけである。

すると、これから私は来年から秋になるわけだから、ここでしっかり収穫しておかなければならないということになる。そして、冬に向かって、春の時期のビジネスを立ち上げておく必要があるわけだ。つまり、自分自身のライフサイクルだけに影響を受けないように、いろいろな季節のビジネスを用意しておいて、リスクの分散を図ることにより、継続的な成長を目指すのである。

私がお付き合いしている100億円事業を立ち上げた男、園氏（実践会パートナーコンサルタント）と、NTT代理店全国トップの男、主藤氏の話を聞くと、双方ともビジネスが冬の時期に入る前に事業から撤退している。このように成功している人というのは、無意識のうちに流れに乗っているのだ。

流れに乗ること。これが分かれば、すごいことだ。なぜならば、新規事業をやり始めるタイミングというのが自ら分かる。冬の時期に、大きく投資する社長がいるけど、うまくいくはずがない。自分がどの季節にいるかを考えれば、失敗も少ないし、また失敗自体が楽しいものになる。

今回の話は仮説である。必ずしもこれだけで説明できるとは思わないが、簡易な目安としては、活用できるのではないか？　もっともっとデータが欲しいので、ぜひ、あなたも自分年表を作って、その結果を教えていただきたい。結果をまとめて、再度ニュースレターで詳細を分析してみたい。

ご報告は、実践会ご報告専用メールアドレス●●●●@●●●●●●●まで（返信はお約束できませんが、必ず目を通します）。

トップ1%のためのファクスレター　2002年8月31日　NO.38

未来を予測する経営者

先日、起業家として非常に成功している実践会の会員4人と話していたときのことである。

奇妙な一致があった。いったい、起業するまでどのくらいの時間がかかったのか、という話題になったのだが、その際に、4人中3人までが2年間の準備期間のあとに起業したということだった。

私にしても、ダイレクト・レスポンス・マーケティングという考えに出会って、それを実行するまで2年かかっている。そして、試行したあとに独立しているわけである。あるコンセプトが植え付けられてから、実行に移すまでに2年間かかっている。

いったい、なぜ2年間なのか?

私は、この件について、面白い仮説を持っているので、ご紹介しよう。

私たちは、12年間のSカーブに乗って生きているという仮説である。

Sカーブについて簡単に復習しておくと、すべてのものには、誕生、成長、成熟、衰退というサイクルがある。そのサイクルをグラフにすると、S字状の成長曲線となるので、Sカーブと言われる。Sカーブが当てはまる例は非常に多い。たとえば、ネズミやウサギの個体数の増加はきれいなSカーブになる。

このSカーブをビジネスに応用してみると、いったいいつからこのビジネスが伸びるのか、そしていつまでその成長が続くのか、見事に予測できるケースが多い。私は数カ月単位のズレで予測できると思っている。実際に、私はレーザー脱毛が2001年の夏までフロントエンド商品として使えるだろうというのは、以前から予測しており、その通りになっているし、またインターネットの第2次参入期が今年の春からというのも当たっている。

このSカーブが、実は人生にも当てはまっているのではないか、というのが私の仮説である。具体的には、Sカーブを4つに区切り、それぞれの四季になぞらえると、次のような特徴を持っている。

春　やっと芽が出る、活気、ワクワク
夏　高収益、システム、官僚主義
秋　収穫（投資が少ないため）、晩年
冬　試行錯誤、新しいアイデア、低収益、リストラ

起業してから数年間は単一事業しかないので、ビジネス上の四季は、経営者自身の四季に一致することが多い。たとえば、私がこの流れで、この12年間を振り返ってみると……。

のか？　ということである。

方法論自体は単純だから、やってもらえれば本当に90日で効果が出るはずである。にもかかわらず、なぜすぐに結果が出ない会員がいるのか？

なぜ2〜3年経って、めきめきと実力を発揮し始める会員が多いのか？

この答えは、**『非常識な成功法則』を超えた成功法則**であると思う。

成功の法則を突き詰めると、いったい何なのか？

それは、**人生の波に乗っているかどうか**である。

「そんなのは、以前から言われていたことじゃないか？」

そう、怒られるかもしれない。

でも、怒るのはちょっと待ってほしい。実は、この波を予測する方法があるんだ。しかも簡単にね。その方法とは、人生には12年の周期があると考え、12年を春夏秋冬の4等分する。すると3年ごとに季節が変わる。

季節には、それぞれ特徴がある。春の季節は、芽が出て伸びる。夏はぐんぐん成長する。秋は実った種を選択して、収穫する。冬は新しいアイデアを定着させる。

このように、それぞれまったく異なる環境が、われわれに訪れている。その異なる環境のもとでは、異なる行動を取らないかぎり成功できない。

たとえば、冬に水着で海に行くことがないように、人生においても、それぞれの時期に応じて、やるべきこと、そしてやってはいけないことがあるのだ。

●やるべきことをやるべきタイミングで

それでは、それぞれの時期で、やらなければならないこととは何だろうか？

簡単に図にまとめると、241ページの通りだ。


秋は、収穫の秋である。今までやってきたことが実る。売上はピークを超えてしまっているが、投資額がかからないので、収益がアップする時期である。

「そりゃ、いいな。収入がアップするんだ」

そう、お考えになるかもしれないが、話はそこまで単純ではない。

実は、収穫できる人とできない人がいるのである。なぜかと言えば、春になる前に種を撒いていない人は、芽が出ない。芽が出ても水をやっていない人は、花を咲かすことができない。つまり、秋の前の9年間、どのような道を進んできたかが結果として現れるのである。秋になって、全然、実っていないことに初めて気づいて、そこで何とかしようと思っても、もはや不可能。収穫のできない人は、秋になって焦っても、もはや遅い。

いったい、どうすればいいのか?

反省して、軌道修正するしかない。だから秋は自分を見つめ直す。今までの間違いに気づき修正していく時期なのである。つまり、勉強の秋である。

たとえば秋であれば、独立してから4年間、金銭的には非常に成功してきた。しかし、今から振り返ると、大きな間違いをいくつか犯している。その学びを受け取って、次の12年に備えることになる。

同じことが起こるだけならいいが、実は、金銭的な成功とバランスを取ることになるから、振り子が逆に振れ始める。大きな借金を抱え込む等のどん底を体験することになる。つまり頂上に登って、次は谷底に落ちるというジェットコースターのような人生を歩むわけである。

冬は終わりであり、そして始まりである。今までの組織、商品が死んでいく。しかし、一般的に言われているように、最悪の時期というわけではない。大変だけれども、新しい

ライフサイクルに季節を当てはめる

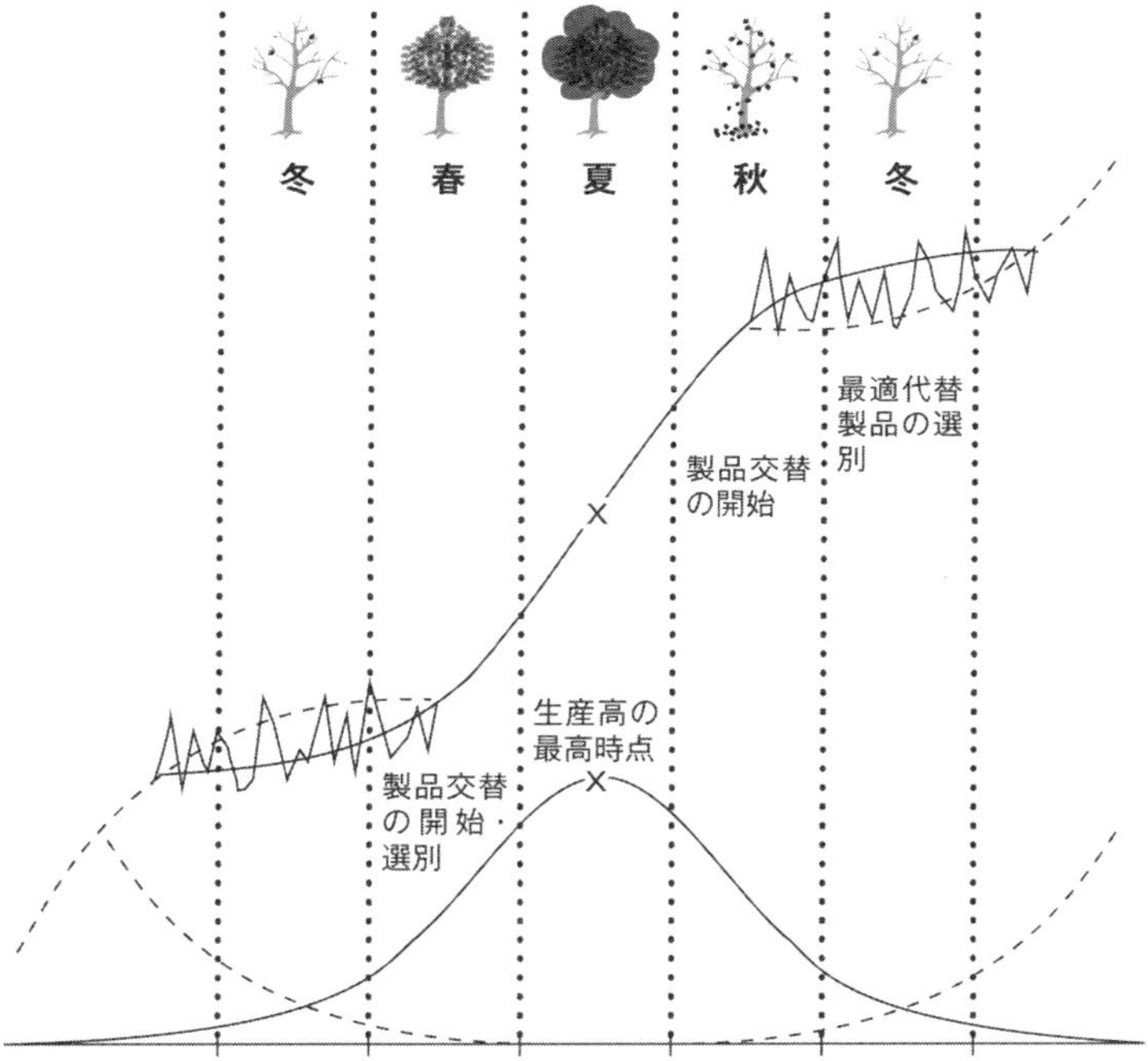

ビジネスサイクルの四季。各季節の変わり目の成長レベルは、
次の2点を前提としている。
(1) すべての季節の継続期間は等しい。
(2) 代替製品にとっての最初の冬は、現在市場にある製品の最後の冬と重なる。低成長期には大規模な混乱した波動が発生する。

『「Sカーブ」が不確実性を克服する』(セオドア・モディス著)より作図

アイデアが生まれ、それを定着させていく時期である。要するに、新たなアイデア、そして新たな出会いがあり、それを実践していく。

冬にはすべてのアイデアが、芽が出るとはかぎらない。正直に言えば、ほとんどのアイデアは失敗するわけである。その多数のアイデアのうち、ほんの一部が春になって芽を出すのだ。

そこで、この時期には、小さな失敗を積み重ねてうまくいくかどうかの検証を進めながら、慎重に事業を行う。ここで大きくドーンといくのは、まだ早い。

冬を乗り越えると、待ちに待った春がくる。**春はアイデアが具現化**してくる。今まで試してきたことが、世間から支持される。チラシを撒けば、反応率が上がってくる。これでいいのかと迷いながらも、船をこぎ始める。数回の失敗をするが、冬とはうって変わって、今度は成功するほうが多くなる。楽しいのだが、この時期は、大変な仕事量を抱えることになる。創業者であれば、人が採用できない。だから、自分で必死になって、寝る間も惜しんで働く時期である。

そして、今度は夏がくる。**夏になると、放っておいても会社は伸びる**。今までの既存の延長をやっていれば、急成長する。こんな時に目標、計画なんか立てなくても、さほど影響はない。

この時期には、売って、売って、売りまくれがキーワードになるので、とにかく売り尽くす。この時期に売るのを躊躇すると、秋・冬における蓄えがなくなる。

ここでの課題は、売上が急速に上がっていくので、それを処理する能力、すなわち受注を効率化していく必要がある。そこでシステム化、そしてルール作りというのが重要になってくる。

秋・冬の時期に向けて、きちんと社内のシステム化を行っていないと、大変なことになる。顧客からのクレームはもちろんのこと、理由は分からず、社員が謀反を起こす、社員が病気になる、家族に事故が起こる等の問題が生じることになる。そして、これらの問題は、社内をシステム化していくまで永久に続く（つまり、次の季節までに必要な課題をクリアしなければ、季節が終わりに近づけば近づくほど予測のできない、より難しい問題が起こるようになる）。

●舵取りが一番難しい時期は？

以上が、４つの季節の特徴だが、この季節認識で一番難しいのが、暖かい時期から涼しい時期に変わっていくタイミングだ。

たとえば、会社と社長の季節をダブらせて考えると、夏のピークまでは会社は急速に成長しつつある。チラシを撒けばどんどん集客できる。ところが、晩夏に差しかかると、今度はチラシの戻りが段々悪くなってくる。しかし、投資額が少なくなってくるので、キャッシュはかなりたまっている。そこで今まで我慢してきた会社も、「今の調子だったら、なんとかなるだろう」と自己説得して、豪邸を建てたり、自社ビルを建てたりするわけだ。これが致命的な決断となる。

この間違いをしてしまう理由は、初夏でも晩夏でも、似たようなワクワク感が得られるからである。「自分はうまくいっている」「自分は成功している」という実感は変わらないんだ。しかし**問題は、これから上り坂か下り坂かという違い**なんだ。初夏の場合は、これからキャッシュフローが多くなる。

一方、晩夏の場合は、これからキャッシュフローが少なくなる。だから借金をするには、初夏がいいわけね。黙っていても借金が返せちゃうから。しかし、晩夏から秋口に、借金をするような大きな投資や事業の賭けをやると、それが今後9年間に大きく影響を及ぼすことになる。恐ろしいよね。

でも多くの会社が、この暑くなるまでの時期と、これから寒くなる時期において、切り替えを失敗する。たとえば、多くの企業は、盛夏の時に、「うちの企業はすごい！」と勘違いするので上場公開の準備をしたりする。すると上場できるまでに、3〜5年ぐらい経つでしょう。

するとちょうど、これから冬だという時期に公開しちゃうわけですよ。上場したとたん、株価が落ちる理由も明らかだね。本来、公開するなら、初夏を狙《ねら》わなければならない。株主のためを考えるのであればね。ところが、ほとんどの会社は、下り坂の時期を狙って公開する。すると株主にとってはピークの株価になるが、それ以降は株価が低迷。社長は公開したことを悔やむことになるのである。

夏の時期は、体力がある。だから変化を起こしても、スムーズに乗り越えることができる。

たとえば、製品交替、社長の交代、会社組織の変更をやっても、短期間で安定するのである。だから、創業者から次期社長へのバトンタッチは夏に行うべきなのである。

ところが、創業者はピークの時には、地位にしがみつく。だから、うまくいかなくなってから交代しようとするから、ダメになる。ユニクロ[※]の人事を見ていると、きわめて悪いタイミングで変更したと思うわけです。これから、どうなるか見てのお楽しみだよ。

ユニクロの人事：実際に2002年に玉塚元一常務が社長に就任したが、2005年には解任され、創業者の柳井正氏が復帰。

さて実際に、「春夏秋冬理論」の流れに乗ると、どのようなことが起こるのか？

簡単に言って、成功しちゃうんだよ。

たとえば、１００億円企業を作り、そして、売却したある20代の社長。そして、社員2人で3年で粗利10億円の会社を作り、現在は会長職にある30代の社長。

この２人は、春に起業して、見事に晩秋に事業を縮小・変更している。彼らは、この「春夏秋冬理論」を知っていたわけじゃない。でも見事に野性的な勘でもって、事業をコントロールする。それがまた事業の春夏秋冬だけでなく、自分の春夏秋冬にやるべきことをやっている。つまり、賭けをする時には賭けをし、自分を抑え勉強する時には、勉強しているんだ。

一方、季節の流れに乗れない人はどうなるか？

どんなに賢く優れた人でも、苦労するね。マーケティング的にうまくいくはずなのに、なぜか失敗する。始めてはいけない時期にお金をかける事業を始めるから、思ったように集客できず、借金が増えていく。

「ひぇ〜、俺はもしかして、このパターンかもしれない！　どうしたらいいんだ！」

あきらめなさい。運命ですから、受け入れなさい。

なんていうのは冗談。はっ、はっ、は。脅かしただけです。

まぁ、冬の時期に海水浴に行くようなもんだから、風邪は引くよ。

こんな時には、しっかりと計画を立てて、数字を細かく見ながら事業を操縦する必要がある。毎月毎月、数字とにらめっこ。予算を細かく立てて、それを毎日チェックする。カバンに予算表を入れて、暇があるごとに眺める。そらでスラスラと数字が口に出てくるまでにする。すると、**不思議に、きちんと予算は達成できる**ようになる。

●これからが冬の時代

「いや〜、俺は年収700万円ももらっていれば十分だし、暮らしていければいいんだよ。無理に新しいことはしたくないな」

と思うかもしれない。

今まではいいかもしれない。

しかし、問題はこれからである。

最近の歴史学者の研究によれば、かなりの精度（1日の単位まで正確に）で、歴史が繰り返すサイクルが解明されている。そこで現在は、どんなサイクルにあるかというと、春夏秋冬でたとえると、秋なのだそうだ。しかし、ほとんどの会社が、「今は景気が悪い。春はいつくるのか」なんて思っている。つまり、現在を、冬と考えているのである。

ここに、**ぞっとするほどの危険**が潜んでいる。

秋は、どんな時期か？　そう。収穫の時期なのである。だから、現在、巨額の富を稼ぐ人が増えてきている。収穫できる人は幸い。なぜなら、冬に対する蓄えがあるからね。しかし、この時期を見誤って、何もしないと最悪。これから冬に突入するのだ。回復するどころか、泥沼に入っていく。たぶん、それは5～10年以内に起こるのだろう（私は、遅くても2008年と見ている）。

あと10年間のうちに、ある程度、生活していく資産を形成していかないと、その後、取り戻すのは、きわめてきついんじゃないか、という時代が、現在なのである。

さぁ、この秋の時期に、あなたは何をすべきですか？

遅くても2008年：実際に2008年９月15日にリーマンブラザーズが破綻したことで、世界的不況に突入した。

●最近の若い奴は……

フォトリーディング集中講座で17歳の高校生に出会った。フォトリーディングとは、情報処理スピードを飛躍的に速める米国発の画期的な技術である。この講座は、本来18歳以上を対象にしているのだが、彼から積極的なメールがきて、非常にしっかりした印象を受けたので、受講を受け入れることにした。

会ってみて、びっくりした。そこら辺の大人よりも、よほど真剣に物事を考えている。

私の17歳の時と比べると、比較できないぐらい優秀だ。

そもそもフォトリーディング受講料10万円は、自腹を切っている。自分でホームページを開き稼いだという。その稼いだ金をさらに、自分の勉強のために投資をしている。

その高校生が講座の初めに質問してきたのが次のことだ。

「単なる速読ではなくて、読書をしたら、その本に書いてあることを習慣化し、そして自分の血肉にしていくための方法を教えてほしいと思います」

あんた、私は驚愕したね。17歳だよ、17歳。

私が17歳の時には、ただのギター少年であって、こんな発言とてもできなかったぞ。

同時に参加していた還暦を迎えた受講生は、17歳の彼と話していても、年齢差をまったく感じないと言っていた。「活性化セッション」という、ビールを飲みながら交流を深めるというセッションにも、酒が飲めないにもかかわらず、積極的に参加。

休憩時間中には、「何かいい本はないか」「どのように勉強したらいいのか」と私を質問攻めにした。レベルの高い参加者が集まったセミナーであったが、その中でももっとも年齢が若い彼が、最後にはリーダーシップをとり、メーリングリストを管理することになった。ちなみに、すでに実践会にはゴールド会員として入会済み。さらに目ぼしいダントツ企業実践セミナーを何セットも購入。

なんて奴だ。

このような優れた高校生を見てしまうと、この時代、「年齢じゃないな」ということをひしひしと感じた。結局、「私は10年経験がある」といっても、1年間の経験を10回繰り返しているだけの人間と、高いレベルのことに毎年チャレンジしてきた17歳とは、比較にならないわけだ。

彼がぼそりと言ったひと言で、とてもうれしかったことがある。

「学校の授業ではいつも眠っているんですよ。でも、このセミナーは面白くて、まったく眠くなりません」

そうだろ？　実学は超面白れーんだ。

フォトリーディングは、情報処理のスピードを飛躍的に上げる技術である。生きるスピード、成長するスピードが断然異なってくる。これを高校生の時から習慣化するかと思うと、これからどんな人間に成長するか、とても楽しみである。

●どうして私は、毎回ベストセラーを飛ばせるのか？

おかげ様で、私は今まで出した本の販売部数が、累計60万部※を超えた。

『あなたの会社が90日で儲かる！』は、3年経った今でも売れ続けている化け物マーケティング本と言われている。『口コミ伝染病』は『日経MJ』誌の昨年のビジネス書・ベスト5に、唯一マーケティング本でランキング。

そして、監修書『あなたもいままでの10倍速く本が読める』は、勉強・速読ブームを起こし、「10倍」という文字をタイトルにする本が何冊も出るようになった。

累計60万部：2002年当時。現在は累計250万部を超えている。

監修書『ロバート・アレンの実践！ 億万長者入門』も5万部を超えるヒット。複数収入源（マルチプル・ストリームズ・オブ・インカム）を持つ必要性があることを知らしめることになった。

このように次から次へと、ヒットを飛ばす秘密を知りたい？

実は、簡単なことなんだ。

世の中の流れを感じ、予測することなんだ。

元マイクロソフト日本代表の成毛眞氏が言っている。

「目標を持つなんて百害あって一利もない。経営者は予測力がすべてだね」

成毛氏は予測する力をつけるために、子ども時代から大量の本を読んでいる。

私は、フォトリーディングに出会う前までは、本を読むのがあまり得意じゃなかった。だけど、なんか世の中の動きを予測できちゃうんだよね。

これには秘密があるんです。

こっそり言うよ。誰にも言わないでよ。

時流を予測するには、１００万部を超える本、**ミリオンセラーの1年から1年半後**を見ればいいんです。

前にも書いたが、この数年間を見ると出版界におけるベストセラーが確実に、時代の雰囲気を映し出し、そして影響力を持ち始めている。

たとえば、２０００年夏には、『チーズはどこへ消えた？』（扶桑社刊）というメガヒットがあった。この本によって、「これから変わらなくちゃいけないこと」、そして「現在、しがみついているチーズがもうすでになくなりつつあること」を学んだ。

その後、『金持ち父さん　貧乏父さん』（筑摩書房刊）は、２０００年11月に出版されている。この本では、「サラリーマンでいるかぎり、裕福な生活はできない。さらに社主（ビジネスオーナー）、そして投資家にならなければならない」ということを学んだ。

いったい、このような学びを誰が初めに受け取るかと言えば、中小・零細企業の社長連中である。社長連中が読んだ本の思想が、その家族に広がる。そして次に社員に広がり、社員の家族に広がるという具合である。

この情報および商品の伝播《でんぱ》の仕方は、本だけではない。私は、Ｔシャツを販売するイージーの岸本社長からうかがったのだが、社長がＴシャツを買うと、だいたい45〜60日で家族に浸透するということを聞いた。

まずは社長がＴシャツを着る。奥さんは洗濯しているうちに、「良さそうだから、今度注文する時に、子どものシャツを買って」と頼む。最後に、奥さんは自分のTシャツを買ってもらうことになる。

この家族内のTシャツ伝播は、洗濯の回数によって決まるという。つまり奥さんが3〜6回程度洗濯すると、家族中にTシャツが広がっていくのである。

このように、われわれが思っている以上に、中小企業の社長の影響力というのは大きいのだ。だから、中小企業の社長の読む本がヒットして100万部を超えるベストセラーになれば、確実に世の中を動かしていく。

このように、100万部規模の書籍になった場合、その効果というのが、今のところ、約1年〜1年半経って現れてくる。たとえば、『金持ち父さん　貧乏父さん』という本が売れる。その本を読んだ人が、まずその内容・事実を確認するのに時間がかかる。そして、その知識が血肉となって、実際に、行動に起こせるようになるためには、1年程度かかっている。

具体的には、「サラリーマンでいるかぎり、将来はない」という事実を消化するのに1年程度時間がかかる。思考が変わると、それは行動に現れざるを得ない。パラダイム（思考の枠組み）が変わると、無意識レベルで思考の変化が起こり、その結果、無意識に行動も変わってくるのである。

だからこそ、何かしなくてはならないと思う人が増えてきたのである。しかし、具体的に何をやっていいのか分からない。そこで、「とりあえず、何をするにでも本が早く読めるに越したことはない」と多くの人は思う。そこで、私はフォトリーディングの本は、そここそは売れるだろうと予測していたのである。

その予測通り、速読・勉強ブームは起こった。勉強ブームが終われば、次は何か？

今度は具体的に、資格取得を目指し、起業をしていく準備に入ることになる。そこで私は、2年後に起業を目指す人のために、『非常識な成功法則』※を書いたのである。案の定、今年に入って、企業をめぐるマーケットは、昨年とはまったく異なる様相を呈している。要するに、すごくホットなんだ。

●日本はフィリピン化する？

この二極化が進むことによって、日本がどんな社会になっていくのか？

結論から言えば、勉強するものにとっては、けっして悪い社会ではない。実際に、実践

『非常識な成功法則』：2002年、フォレスト出版より発行された、神田昌典初の「マーケティング本じゃない」本。2011年発行の「新装版」まえがきでは、「私にとって、一番キライな本」と語っているが……。

会を4年もやっていると、億万長者がちらほら出始めているが、あと数年も経つと、年収5000万〜1億円は稼いでもさほどめずらしくないことになろう。こういう人にとって日本は、非常に住みやすい国である。なぜかと言えば、**経済が悪い国のお金持ちは、素晴らしく豊かな生活をしている**からである。

例を挙げよう。

私が米国の大学院に留学していた頃の話だが、フィリピンあたりのお金持ちのお嬢様が留学してくる。そうすると26歳の女の子でも、お湯を沸かすのも、洗濯するのも初めてという場面に遭遇する。過去26年間は、全部メイドがやってくれたのである。そういうフィリピンの富豪たちと仲良くなり、家に遊びに行くと、そこはわれわれ日本人が持っているような貧困な国というイメージがまったく的外れであることが分かる。

マニラの中の、フィリピン人のお金持ちゾーンに行くと、それは別世界だ。そのゾーンに入るためにはゲートがあって、警備員のチェックを受けなければならない。そのゲートの中には、お金持ちの街がある。1000世帯ぐらいが住んでいる隔離された場所なのだ。ビバリーヒルズを2倍ぐらい豪華にしたような、美しい街並みが広がっている。友人の家に泊めてもらうと、メイドが多いのなんのって。

1人月3000円で雇えちゃうから、もうメイドがうじゃうじゃいる。

自宅には、水底からライトアップしている巨大なプールがあり、素晴らしい彫像がたくさん並んでいる。ここは美術館かと見間違えるほど立派な庭園でパーティを開くのであるが、プールサイドにはうまい酒があり、完璧なダンスをみんなで踊るという生活なのである。

これが貧乏な国のお金持ちの生活なんだ。

この状況は、インドでも、マレーシアでも、ナイジェリアでも変わらない（あぁ、ちなみに私はナイジェリアに1年間住んでいました。黒人のメイドと運転手を月3000円で雇っていました。そして毎日テニスをするという生活でした）。

こういう社会がいいかどうかと言えば、意見が分かれるよ。貧富の差が広がれば、その歪みを調整しようとする動きが起こるから、どうしても暴動等が起こるしね。

ところが、われわれが好むと好まざるとにかかわらず、日本もそのような社会に近づきつつある。

その状況下で、エスカレーターに乗りたいか、乗りたくないか。その判断を1人ひとりがしなければならない。そして、高速エスカレーターに乗るという選択をした人は、フィリピンの富豪と同様の豊かさを（そして責任も）亨受《きょうじゅ》するということである。

数日前の新聞で、国としての競争力ランキングで、日本は韓国に抜かされたという記事があった。その原因の1つは、何かと言えば、起業家スピリットがないことらしい。私はこの記事を読んで、大変なチャンスがこの国にはあるなと思った。**これだけ起業家教育が進んでいないということは、知識を得た人は非常に稼ぎやすい環境**にある。

日本は競争力がなくなろうが、1億を超える人口がいて、お金を持っていて、しかも世の中の仕組みに疎い。頭のいい外国人にとって、これほど扱いやすい国民はいないぞ。

アメリカから見ると、自国が不況になったら日本人から金を巻き上げればいいんだ。不動産バブルが弾けると思えば、日本のバカな大企業に売る。そして落ち着いたところで、安い価格で買い直す。ITバブルが弾けると予想すれば、日本のバカな大企業に会社を売ればいい。要するに、将来を予測する能力が日本人には皆無なのだ。

実践会は、起業教育で必要なことはすべてやっている。しかも優秀な会員が集まっている。自分で言うのもなんだが、この国で儲けるには、非常に有利な状況である。つまり、実践する人たちにとっては、商品・サービスは安くなるが、自分は豊かになるという生活が待っていることになる。

貧しい人はどんどん貧しくなる、そして成功する人はどんどん成功するという時代に入る。そのスピードがここ数年、倍ぐらいにアップしている。そして、今後もっとスピードアップする。

なぜだか分かる？

今までの成功法則というのは、マーケティングにしても脳の使い方にしても、体系的ではなかったんだよ。だから、当たりはずれが多く、実践する人の試行錯誤も多かった。

ところが現在は、こうすれば成功するというパターンが、かなりカチッとした形で見えてきたんだよね。

つまり、精度がアップしてきた。だから勉強する人は、どんどん波に乗っていける。失敗することが少なくなるから、さらにスピードアップする。今ほど、勉強することで自分の生活レベルを上げられる時代はないと思うんだ。

もちろん、日本がフィリピン化するのは私としては避けたい。日本人のプライドとして、競争力を再び取り戻していきたい。そのためには、理屈をこねるよりも、二極化している層のうち、高速エスカレーターに乗った人が中心的な存在になって、周りに豊かさを広げていく方法しかないと思う。

第6章

人生をマネジメントする成功法則

「はあ〜。自分で書いていても、突拍子もないものばかりだなぁ。会員さんは、この非常識な内容によくぞ、ついてきてくれました」

これが「ダントツ企業実践会」休会前の最後のニュースレターでこれまでのレターの内容を振り返った神田昌典の感想。

しかし、この〝非常識な内容〟は、多くの〝非常識な成功者〟を生み出したのである。

●今後5年間、楽しく働き、財を残すには？

1．導入期と、成長期、成熟期の3つの期間は、それぞれ同じ年数になる。

2．ということは、導入期から成長期までにかかった年数を調べれば、成長期の終わりがいつになるのか、かなりの精度で、簡単に予測できる。

3．成長期の折り返し地点（成長期のちょうど真ん中）までが、もっとも広告宣伝の反応が高い時である。

4．成長期は、ライバルの参入が相次ぐため、その成長している商品だけでは利益が得にくい場合もある。しかし顧客獲得コストは安い。だからその期間は、フロントエンド商品を目玉にして徹底的に集客に取り組み、同時に、バックエンド商品の開発を進めて儲けの仕組みを作るべきである。

このように、成長カーブ※の活用法を理解し、売れる商品を見つけることはきわめて重要である。

なぜならば、どんな天才でも、売れない商品と付き合っていたら貧乏になるだけ。逆に、

成長カーブ：第4章で詳述。

どんなバカでも、たまたま儲かる商品に対して嗅覚を発揮すれば、大金持ちになることがあるからだ。

それでは、あなたが、この成長カーブを活用して、自分の商品が、そんなに的がはずれていない商品だと分かったとする。

そうすると、次の段階としては**「自分がなぜ、その商品を扱うのか」**について考える必要がある。

そのためには、あなた自身の使命感——ミッションが重要になる。

そこで今回は、「ミッションの作り方」について、詳しくお話ししましょう。

●自分を催眠術にかける

「実践会は、ズバリ儲けることだけが目的なのに、なぜ『使命感』なんて宗教っぽいものが必要なのか？」

答えは簡単。**ミッションを持たないと、発想に乏しくなるから**である。

ミッションを明確にすると、24時間、右脳が働いてくれる。左脳は眠っちゃうけど、右脳は疲れを知らずに働き続ける。つまり、あなたがミッションを持てば、24時間努力しないで、どんどん新しい気づき、そして発想が湧いてくるのである。別に、努力したり、がんばるわけではない。逆に、リラックスして、楽しく仕事をしながら、素晴らしいアイデアがひらめくようになるのである。

ミッションというと、あなたはかっこいいミッションを思い浮かべるだろう。正直に言って、私の会社のミッションは、かっこいい……。

アルマックのミッション

・業績を上げることに真剣で、常識にとらわれず、革新を求める会社に、最新のマーケティングノウハウおよびツールを伝道する。その結果、圧倒的競争力を持った会社を多数創出し、中小企業活性化の起爆剤となる。

・会員の成功のために、常に期待を超えたサポートを提供し、親身になって、徹底的に頭を絞る。その反面、「金を払ったんだから、お前が考えろ、儲かる方法を教えろ」という他力本願で、頭に汗をかくことに怠惰な会社は、私には荷が重いので、ご遠慮願う。

正直、今だからこんなことが言える。かっこいいミッションを持つのは、貧乏な時は簡単ではない。

独立したての時は、かっこいいミッションなんて持っていなかった。私の独立当初のミッションは……。


「非常識な自由さ、豊かさ」


たった、これだけ。

エゴ丸出しのミッション。

ところが、このエゴが、当初、ある程度の結果を出していくためには、必要だった。

だから、あなたもかっこよくなくてもいいから、今の自分に必要なミッションを作ってほしい。

さて、あなたが「それじゃ、ミッションを作ってみよう！」と決心してくれたとする。

しかし、そこでつまずく。「いったい、どうやって作ったらいいのだ？？？」

ミッションの作成は、簡単そうに見えて、実はうまくやらないと、成功に向かってあなたを自動操縦してくれない。

そこで、誰にでもできる効果的なミッションの作り方をお教えしよう。

重要なことは、やりたくないことを明確化すること。これが必要。たとえば、私のやりたくないことは、次のようだった。

・在庫を持ちたくない。
・ネクタイはしたくない。
・お客に頭を下げたくない。
・年中、携帯電話が鳴るような仕事はしたくない。
・緊急対応に追われるような、アフターサービスはしたくない（以前、冷蔵庫を販売していた際、大晦日《おおみそか》に故障の電話が入り、大変な思いをしたため）。
・倫理に反したことは、やりたくない。
・毎日、決まった時間に働かなければならないような仕事につきたくない。

このように、やりたくないことを明確化する。そして、その次に、やりたいことを明確にするのである。

初めにやりたいことを明確にすると失敗する。なぜなら、世間体に引っ張られるからね。

たとえば、上場して大金持ちになりたいとする。しかし上場したとたん、金持ちそうに見えても、自分の金ではなくなる。株価を維持するために、株も売却できない。邸宅は手に入るかもしれないが、広すぎて掃除が面倒。

また会社が社会の公器になるから、株主からの厳しい要求には応えなければならない。つまり、今度は、会社に使われるようになる。

今までの常識から考えてみれば、上場することは究極の夢なのだが、実際なってみると、不自由なことが多いということになるのである。しかも、会社を大きくする過程で、だんだん自分の自由が少なくなる。上場基準を満たすために、すべてのルールに縛られ、そして面倒臭い間接費も増える。社員が働いてくれない。会社が自分の手から離れていくような気がする。すると、その時点で、やっぱり上場しないほうがいいんじゃないかと考え出す。

だから、本当に上場したいのかどうかきちんと決着をつけないと、絶対に目標は達成できない。なぜならば、達成しようと思っても自分の心が揺れているからである。

「上場して、大金持ちになろう」

「いやぁ、それより自由で、気楽な生活が欲しい」

このように矛盾した気持ちの間をグルグル回っていると、何年経っても、目標は達成できない。だから、世間の常識に振り回されず、本当に自分のやりたいことが必要なのだ。

やりたくないことを、わがまま放題、好き勝手に明確にすると、今度は、やりたいことについては120%覚悟して、努力するようになる。覚悟（コミットメント）が重要なのである。「だったらいいな」「あったらいいな」という単なる夢が、「絶対に実現したい」という明確な欲求に昇華する。

やりたくないことと決着をつけて、やりたいことを明確化する。すると、吹っ切れる。

そして、初めて前進できるのである。

●実際に、あなたのミッションを作ってみよう

やりたいことが明確になってきたら、今度は、ミッションを作る際に、自分自身に次の質問をする。

「自分の命があと半年しかないとしたら、いったいあなたは、今何をするだろうか？」

そして、次の文章を完成させる。

私の人生における使命は……、

この答えが、あなたのミッションである。

たとえば、私が半年後に死ぬとすれば、家族とはもちろん一緒に過ごしたい。しかし、結局のところ、現在と同じことをするだろう。仕事を精いっぱいやり、そして家族を精いっぱい、愛するだろう。なぜなら父親は最後まで、中小企業の活性化に１００％力を注いでいたという力強さを、残された家族に伝えたいからである。


なぜ、ミッションがないと会社は変われないのか？

それはね……**すべての答えは、質問することによってしか得られないから**だ。

禅問答のようだが、簡単な真実。質問しないなら、答えが降ってくることは絶対にない。

面白いことには、脳の構造上、質問することで、答えは自動的に入手できることだ。これは、どうしようもなく自動的だ。

脳は、1秒間に何百万バイトもの情報を入手している。あなたがお風呂に入ってリラックスしている間も、眠っている間も、脳はあなたの命令に忠実で、求める答えを探知し回っている。あなたが必要な情報は、必ず脳が見つけてくれる。しかし、質問しないかぎり、あなたの前に答えは現れない。それが脳の構造なのだ。


つまり、あなたが必要なものは、すべて目の前にある。それに気づくか気づかないかだけの違い。そして、気づくためには、**意識的に、自分に質問をしてあげる必要がある**。

意識の役割というのは、自分の人生を効率よく生きるために、無意識をコントロールすることなのである。


〝質問する能力〟は、きわめて重要。

私が電話会議で参加者全員に質問をしてもらっているのは、このような理由からなのである。質問した瞬間から、参加者は、その答えを探し始める。

すなわち、電話会議に参加する時には、その質問に対する答えは、私の手を借りなくても見つかっていることが多いのだ。私の電話会議というのは、その確認作業を行う場を提供しているのである。

適切な質問ができるかどうかは、**収入に直結する。**

それじゃ、優れた質問をするにはどうすればいいかと言えば、〝目的意識〟を持たなければならない。そうでしょう？　目標としているものがなければ、質問はあり得ない。

すなわち**「目的意識＝ミッション」がすべての活動のエンジン。ミッションがなければ、あなたは走れない。**

私もつい少し前まで、ミッションの重要性が分からなかった。しかし、今は、「よくやってこられたな」というほど恐ろしく感じるくらいだ。

ある有名な講演家は、「私は、ミッションとか使命感はまったく持ちません。なぜなら、そんなものは持ってしまわないで楽にしていたほうが、人生うまくいくからです」と言っている。

そういう考え方もあると思う。

しかし私は「商売のプロであるかぎり、ミッションを持つ」ということをお勧めする。

なぜなら、井深大《まさる》、本田宗一郎、松下幸之助をはじめとして、偉大な経営者はすべてミッションを明確にしているからである。

ミッションがいらない人もいる。しかし、世界を変える革命家は、ミッションが必要なのだ。

●セルフイメージで、一瞬で自分を変える！

自分のミッションを実際の行動につなげて、結果を出すためには、もう1つの重要な作業を行わなければならない。

それは、セルフイメージである。

セルフイメージとは、自分に対するイメージである。目標を持っていても、自分がそれを達成できるというセルフイメージを持っていないとどうしようもない。

たとえば、マーケティングをいくら勉強しても、「私は商売ベタだからなぁ」というイメージを持っていては、絶対に情報を吸収できない。そして行動が変わらない。

だから、儲けたいと思うのだったら、「自分は職人だ」とか「技術者だ」というセルフイメージだけしか持っていないと致命的なことになる。目標に応じて、それを達成できるように自分に対するイメージを変えていかなければならない。

つまり、自分の目標を楽々と達成するために、**自分に都合のいいセルフイメージ**を持つのである。

私は、以前は〝実践マーケター〟というセルフイメージしか持っていなかった。自分で実践するのはいいのだが、「人様に教える」ことについては、躊躇していた。なぜなら、もっと経験がある人はいっぱいいるんだから……。先生と呼ばれることには、どうも抵抗があったのである。

そんな私がどんな状態だったのかと言えば、セミナーの休憩時間になると、講師控え室にこもる。昼食時間になると、また控え室にこもるという感じだったのである。控え室にこもっては、「ハァ、しんどいなぁ」「精神的に重いなぁ」とため息をついていたのである。

しかし、ある時に、「そんなんじゃ、ダメだ」と気づいた。そして、セルフイメージを変更したのである。

どういうセルフイメージを持ったかといえば「エナジャイジング・ティーチャー」。要するに〝エネルギーを周りに与える先生〟というセルフイメージだ。

そして、自分に催眠術をかけた。

「私は、エネルギーを与える教師である」
「私の講演を聴くと、行動へのエネルギーが生まれる」

そのセルフイメージを紙に書いて朝晩眺め、そして、それを持ち歩くという方法を使ったのである。

そのとたん、人前に出るのがまったく苦にならなくなった。そして、朝8時30分から夜の12時まで、ぶっ通しでセミナーをやっても疲れなくなったのである。

ご存じの通り、私のセミナーでは、休憩中は参加者から質問を受ける。ほとんど昼食はとらないで質問を受ける。講義後も残って、時間の許すかぎり質問を受ける。それでも疲れなくなったのである。

不思議なことに、人間のエネルギーはこんな簡単なことでスイッチが入る。それが実感である。

セルフイメージはいくつあってもいい。

私のセルフイメージは「スーパー・イノベイティブ・マーケター」であり、「マスター・クロージャー（成約のプロ）」であり、「スーパースピード実践者」であり、「スーパー・

エナジャイジング・ティーチャー」、さらに「殿様セールスマン」である。

言っとくけど、私は、以前は役人だったのよ。でも、自分のセルフイメージが役人だったら、絶対商品は売れない。そして、行動につながらない。

ただ、「楽しく働き、財を残す」なんて言っても、多くの会員さんは、現実のところ、商品からしか発想が始まらない。つまり、今現在、生活のために稼がないとならないと思い込んでいるからである。

そのことがなぜ分かるかと言えば、まさに私がその通りだったからだ。

現実問題、預金通帳の残高が少ない場合は、〝今持っている商品をどう売るか？〟ということを突きつめなければ、残念ながら、より高度な課題にいき着くことができない。儲かってからなら、私のミッションは、「人のために与えることです」と言うことができる。

しかし、自分が空《くう》と思っている時は、その空虚を埋めてからでないと、人に与えることは難しいのが本音のところだろう。

そこで、まずは、とにかく商品を売るため、そして会社を繁栄させるための発想力を生み出すツールとして、ミッションを持つことをお勧めしているわけだ。

「ミッション＋セルフイメージ」のプロセスは、いかに自己を催眠術にかけて、より豊かな発想力を持つかということにほかならない。このように、自分の成功のために**都合のいい催眠術をかける必要がある**。

古くさい経営者の勉強会になんか行くと、「どうすれば生き残れるのか？」なんて深刻そうな顔をしている人ばかり。ありゃ、言っちゃ悪いが、集団催眠である。人間というのは、単調な言葉を繰り返すと、簡単に催眠術がかかってしまう。「あなたは眠くな〜る……眠くな〜る」と言っていると、催眠術にかかるのと同じである。

だから、「不況だ……不況だ……不況だから儲からない……不況だから儲からない」という催眠術をかけられてしまうのである。

そこで、どうせ催眠術をかけられるのであれば、当然、自分の目標達成のために、最適な催眠術をかけたほうがいい。なぜなら、一度、催眠術をかけたら、気づいた時には目標を達成しているからである。

私は、年間２０００件以上の相談をこなしているうちに分かったけど、右脳の働き方を分かったうえで、左脳レベルの技術を習得することは、短時間に実績を上げるために必須だね。

右脳と左脳をバランスよく使った時、確実に爆発するわけだよね。

●半年後は、今この瞬間に決まっている

私の会社では、社員に目標を設定させ、そしてその目標に対する達成度でボーナス額を自己評価させる仕組みを作っている。この試みを半年前から始めたのであるが、その際、大変面白いことが起こった。

それは、**ある人が半年後にどれだけ成長するかということは、すでに現在、この瞬間に決まっている**ということである。計画がどれだけ具体的に決まっているか、詳細までイメージできているかで、まったく成長が違う。

具体的な目標を掲げたメンバーは、半年前とは見違えるほど成長している。スキル的にも、人間的にも、だ。

あまりにも変わったので、周囲から褒められる。それがうれしいので、さらに仕事を一生懸命やるという具合である。

あるメンバーは、4カ月前に立てた目標を、ほぼ3カ月前倒しで片付け、そして、ほか

のメンバーの責任であった仕事もどんどんこなしていく。

それに対して、書いた目標設定の字数が少なく、あいまいだったメンバーは進歩が遅い。

これには、私もびっくりした。つまり、今この瞬間にあなたの未来は決まっているということである。

今を、精いっぱい生きるということ。これは使い古された表現である。ただ、私は今まで実感として分かっていなかったと思う。現在、考えていること。そして、それを紙に書いていること。それが数カ月後の現実を決めるのである。半年後ではなく、今この瞬間にどのような計画を持っているかが、すべてを決めていることになる。

今を大切にすると、エネルギーが無限に湧いてくる。

このことは子どもを観察すると分かる。子どものエネルギーは甚大である。とにかくパワフル。

なぜだろう？

子どもにとっては今しかないからである。子どもにとっては、今この瞬間、充実しているかどうか？　うれしい時は、笑う。悲しい時は、泣く。それだけ。

このように、この瞬間に生きているからこそ、エネルギーが保てる。そう、大人になると過去にこだわる。未来に不安を感じる。するとエネルギーがなくなる。

過去は、あまり重要ではない。なぜなら、現在考えていることが、半年後のあなたを決める。

じゃあそれを、微分のように、細かく区切っていけばどうなるか？

1カ月後の自分は、今決まっている。

明日の自分は、今決まっている。

数分後の自分は、今決まっている。

つまり、あなたの来年は、今の時点でどれだけ計画が具体的で、実行可能なものであるかによって、すでに決まっているのである。

●あなたには先頭に立つ義務がある

先日、家族全員が外に出かけていて、私だけ家で仕事をしている日があった。休憩中にテレビをつけたら、たまたまテロ事件の特別報道をやっていた。

内容は、9月11日のアメリカ同時多発テロ事件に遭って亡くなった人が、最期に残したメッセージをいくつも紹介していたんだけど、涙なしには見られない番組だったんだ。

死を覚悟した時に、最愛の人に携帯電話で連絡しているんだよね。ある人は、留守番電話に入れ、ある人は父親と話し、ある人は恋人と話す。その声が留守番電話に入っていた。

「電話をしたのは、『愛していた』と言いたかったから……」

そういうメッセージもあった。

機内で、テロリストと戦ったグループもあったよね。その結果、航空機は目標に突っ込む前に墜落した。その戦ったグループの中の1人が、機中から家族に電話をしたんだ。

「無理なことはしないで、黙って座っていて」

そう、奥さんから頼まれた。

しかし、彼は電話の向こうでこう言ったんだ。

「そうはいかない。なぜなら、こいつらは、飛行機ごと墜落させようとしている」

もちろん奥さんは、分かっていたんだよね、彼の性格を。非常に正義感にあふれている人だということを。そして、奥さんは、彼に別れを告げた。

彼が最期に残した言葉は何だと思う？

“Let's Roll !”

「それじゃ、始めるぞ！」ということだ。

そう。戦いを始めたわけだ。その勇気のおかげで、多くの人命が救われる結果となった。

どうして、そこまでできたのか？

それはね。自覚なんだよ。俺がやるという自覚。

考えてみれば、今までわれわれ日本人は、そういう責任から逃げてきた。そして、責任を負うということがかっこ悪いと思い込んできた。

その結果、誰も商売を真剣にやり、そして、その責任を負うという行為に対して、自覚がなかったんだ。われわれは経営者として、この力を与えられたということに対して、責任があるんだな。

そこで実践会が、熱血集団となって、もし世間から白い目で見られても、私は伝えたい。

われわれは商人である。商人は非常識に、儲ける義務がある。儲けていく必要があるんだ。

自分ひとりが食べていくのでいいというだけじゃない。われわれが先頭に立ってやらなければ、この日本の中でほかに誰がやるんだ？

このまま泥舟に乗って沈没するか？

それとも、自分が先頭に立つのか？

その自覚ができると、今の時期がきわめて重要な時期であることが分かってくると思う。

しかもこの時期は、長く続くのではない。一瞬である。だから、一瞬の時間も逃すことができない。

言っとくけど、この時期に自覚を持つかで、日本で先頭に立つ会社と沈没する会社が、はっきりと見えてくることになるよ。

神田昌典・最後のニュースレター

●70代の大経営者の知恵を活用

いよいよ休会前、最後のニュースレターになりました。通巻66号。5年半にわたって、死にそうになりながらも、毎月書き続けましたよ。その努力の甲斐あって、今までのニュースレターを読み返してみると、実践会で提供してきた内容は、どれも画期的なものだったと思います。復習の意味も含めて、どんな内容をカバーしてきたか簡単に見てみましょう。

1．ダイレクト・レスポンス・マーケティング

自分が売り込みにいくのではなく、興味がある見込客に手を挙げてもらうマーケティング。

そのためには、広告、DM、チラシを効果的に活用し、反応率を高めることが大事。反応率は、何を（5つの鍵となる質問）、どの順番（PASONA）ということで決まる。

2. 殿様（＝ねぎらい）セールス

手を挙げた見込客のうち、購入率の高い見込客に絞り込んでセールスをかける。

相手が満足する条件を「○○○なわけですが、何かお困りのことでもあるんでしょうか？」というトークで聞き出す。

3. ダントツ化（スター）戦略構築法

顧客にとって魅力的な会社、商品になるような切り口（コンセプト）を、顧客の感情を動かす33の視点から見いだし、戦略を再構築する方法。

この作業をやってしまうと、下りのエスカレーターに乗り込むビジネスモデルではなく、上りのエスカレーターに乗り込むビジネスモデルを構築できる。

4. フォトリーディング（＝超高速情報処理法）

これまた画期的な情報だったね。1秒に1ページの速度で、本の情報を処理していく右脳活用化法。ウソのような本当の話で、フォトリーディングに出会い、「人生が変わった」「生きるスピードがとにかく速くなった」という人が続出。

5. 春夏秋冬理論（人生の流れに乗って、継続的な成功を収める方法）

う〜ん、ここまでくると、さすがに「神田さんも頭がおかしくなった」と言われました。ビジネスで短期的に成功するのは、仕組みを整えるだけだから、簡単。でも、ビジネスも人生の波に乗っていなければ、数年後には壊滅することがある。一発屋ではなく、継続的に成功している人は、必ず12年の春夏秋冬サイクルに乗っているという法則。

これが分かると、新規事業を開始するタイミング、ビジネスを手放すタイミングが見えてしまう！

6. 組織を自動操縦する方法（複数会社のビジネスオーナーになる方法）

これができると、セミリタイアができるという方法。

多くの人は、儲かる企業の社長＝リタイアできると考えているけど、それは大間違い。リタイアするためには、社員を信頼できる心、そして社長のＤＮＡを企業体に残すことが必要になるのです。

今まで精神論としてのマネジメント論が多い中、これはシステマチックに会社と社員が幸せになる方法をまとめた。最新の心理学を、組織に応用したものだよ。

はぁ〜。自分で書いていても、突拍子のないものばかりだなぁ。会員さんは、この非常識な内容によくぞ、ついてきてくれました。

最近、入会された会員さんは、「全然、分からない」とショックを受けているだろうな。でもね、このニュースレターの内容は、どれもこれも全部、ビジネスにとっては本質的なこと。とくに春夏秋冬理論や組織の自動操縦法というのは、経営者が本当に自由に、豊かになるためには必須の知恵なんだよね。

今までは、このレベルの知恵は70歳ぐらいの老年の、大経営者にならなければ分からなかったのさ。それを分かりやすく法則化したから、20代でも30代の経営者でも活用できるようになってしまった！

人生にはサイクルがあるっていう話を、40代、50代のにわか成功経営者に話しても分からないかもしれないけど、70代の大経営者に話してみると面白い。「こいつ、よく分かっているなぁ」と感心されますから。

これだけの情報を、5年半で出してきたわけだったけど、たしかにスピードは速かったですね。私自身も、通常のビジネスでは30年ぐらいかかることを、5年間でやってしまったという感覚があります。

本当は、まだまだ出したい情報はたくさんあるんですが、それは、今まで伝えてきた知恵が、もう少し多くの会社に定着した頃にまたお伝えすることにしましょう。

巻末特別付録

個人と会社の成長がリンクするための目標設定・実績評価シート

個人と会社の成長がリンクするための目標設定・実績評価シート

期間：2003年4月～2003年5月　　会社名：株式会社アルマック　　名前：○○○○

学習する組織におけるメンバーの役割

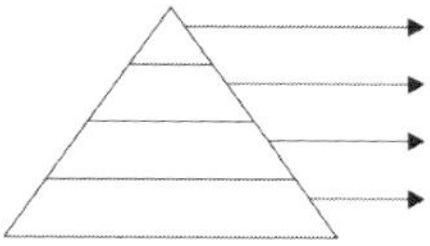

戦略リーダー：事業の方向性を明示し、部下にインスピレーションを与え続ける。異なる能力を持つ人材を束ね、組織力を引き出す。

チーフ　　　：新しいプロジェクト（提案）を自ら作り、チームにモチベーションを与え、結果を出す。

マネジャー　：チームの仕事の段取りを決め、結果を出す。

メンバー　　：目の前の仕事を考えて、効率的・効果的に実行する

Step0：現在の自分を知る

・自分自身をより深く知れば、自分の能力を活用・成長させることができます。

①あなたの学習スタイル（多重知能理論）

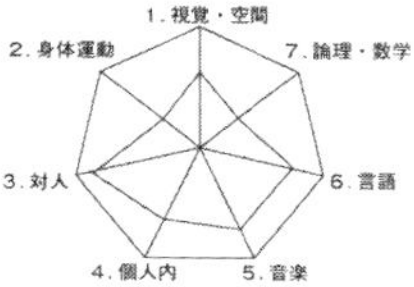

1の数　7　視覚・空間的知能
2の数　4　身体運動的知能
3の数　9　対人的知能
4の数　7　個人内的知能
5の数　8　音楽的知能
6の数　7　言語的知能
7の数　4　論理・数学的知能

コメント

他者の気持ちの状態、欲求等を察知することができる能力を高く持っています。そこで受け取った情報を、言語的感情表現の高さとうまく組み合わせてマネジメントに活用していきたいと思います。

論理・数学的知能は、前回のテスト時よりも伸びました。自分自身のマネジメントという視点で意識的に自己認識のワークを行ったためだと思います。数値を意識的に上げていくことが可能であるということを学んだので、現状の結果だけを見て、ネガティブな評価をしすぎないように、メンバーの能力を引き出す方向で使用していきたいです。

②あなたの課題（春夏秋冬理論）

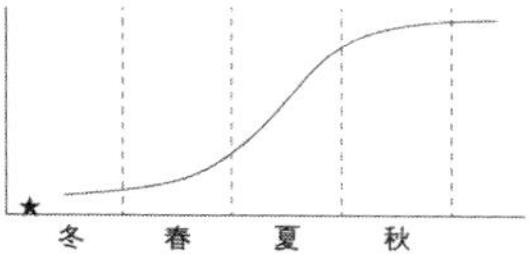

コメント

冬の1年目です。

すべての始まりであることを意識し、浮かんできた発想、アイデアへの試行錯誤を恐れず、常に方向性を確認し、認識しながら物事を進めていくように努めたいと思います。

③会社（チーム）におけるあなたの役割

・自分の役割は何だと思いますか？　会社とチームの中で考えてみましょう。

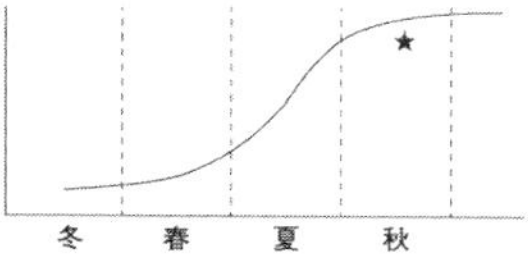

	効果	効果
短期	実務家	官僚
長期	起業家	まとめ役

コメント

まとめ役であるという意識を持って、「愛と意思」を持ってマネジメントを行っていくように努めます。

現在、マネジメントを行っていくうえで「愛」に比べて「意思」が弱いので、その部分を実務家的な実績を示すことによって、バランスをとっていきたいと考えています。意思を明確に伝えるトレーニングをすること、信頼して任せることを学びます。

Step1：未来の自分を知る。

①今期が終わった時、あなたはどんな感情を持っていたいですか？
②仕事を通じて、あなたは今期、何を学びたいですか？
③職歴経歴書に自分の実績としてどんなことを記入したいですか？
①〜③の答えとして、思いつくキーワードを３〜５個記入してください。

1．コーチング、カウンセリングのスキルを学び、状況、能力を考慮して的確なサポートをする力を身に付ける
2．ホームページ関連作業の効率化、システム化
3．安定したチーム作り
4．楽しく成長を促す場を作る
5．

ズバリ、今期の自分のテーマは？　**現状認識と課題発見**

Step2：未来の自分を見る。

・今期末に、達成している実績を10個程度記入してください（SMARTの原則）。

日常業務

○　1．顧客データベースの問題点の明確化、重複登録者の修正が終了している
○　2．ホームページに掲載されるべき商品がすべて掲載されている（顧客サポートの視点での修正）
×　3．編集業務（テープセミナー等）のシステム化ができている
×　4．マネジャーがマネジャーとしての役割を果たし始めている
○　5．サーバーの整理が完了し、ウイルス対策の課題をクリアしている
△　6．会社の方向性を理解し、実務面に落とすための判断を加えてメンバーに伝えることができている
○　7．社内、とくに顧客サポートチームの現状を全体的に捉え、方向付けをする
□　8．
□　9．
□　10．

※優先度の低いものに×をつけ、本当に実現したい項目を３つ残すようにします。

プロジェクト業務

○　1．顧客データベースの問題点の明確化、重複登録者の修正が終了している
○　2．クレームケアについての試行錯誤の結果（情報）が集まっている
×　3．顧客サポートのメンバーが能力を発揮できる場（成長をサポートする方法と能力評価の試行錯誤）の提供
○　4．マネジャーミーティングが実施されている（チームとして問題点を出しやすい環境作り）
□　5．
□　6
□　7
□　8
□　9
□　10．

※優先度の低いものに×をつけ、本当に実現したい項目を１つ残すようにします。

残った項目を記入します。

日常業務

①　顧客データベースの問題点の明確化、重複登録者の修正が終了している
②　ホームページに掲載されるべき商品がすべて掲載されている（顧客サポートの視点での修正）
③　サーバーの整理が完了し、ウイルス対策の課題をクリアしている
　　社内、とくに顧客サポートチームの現状を全体的に捉え、方向付けをする

プロジェクト業務

①　マネジャーミーティングが実施されている（チームとして問題点を出しやすい環境作り）

・実現に向かって進んでいると分かる最初の出来事は何ですか？　思いつくキーワードをいくつか記入します。

日常業務

① 指示通りの顧客サポートシステム新バージョンがインストールされる

② ホームページ上に新たにアップした商品への注文がある

③ ○○さんから現状報告のレポートが提出される

プロジェクト業務

① メンバーの実施の承諾を得て日時を設定する

・実現できない時、どんな気持ちになりますか？　思いつくキーワードをいくつか記入します。

日常業務

① 前向きではない作業をメンバーにさせ続け、時間と経費の無駄遣いを繰り返すことへの嫌悪感

② 売れるべき商品を売っていないということに対する焦り

③ ウイルスやデータ消失に対する不安

プロジェクト業務

① チームの孤立

・実現に向かうために、取るべき最初の一歩は？

日常業務

① SMART の原則に基づく具体的な指示をインターメディアシステムに出す

② 商品の洗い出し、在庫の現状把握を行ったうえでの販促計画

③ 毎週金曜日の顧客サポートチームミーティング実施、○○さんに情報をまとめるトレーニングをしてもらう

プロジェクト業務

① マネジャーに実施を呼びかけ、日時を設定する

Step3：未来の自分になる（成長した自分に会う）。

（1）日常業務の目標達成度（10段階評価）

目標	自己評価	上司評価	備考
①			
②			
③			
合計（1）			

（2）プロジェクト業務の目標達成度（10段階評価）

目標	自己評価	上司評価	備考
①			
合計（2）			

（3）役割・責任の達成度（10段階評価）

メンバー	自己評価	上司評価	備考
日常業務を滞りなく、こなしたか。			
上司に仕事の進捗状況の報告・相談を行ったか。			
小計			
マネジャー	自己評価	上司評価	備考
段取りを立てて、スケジュールに沿って仕事を進めることができたか。			
部下と定期的に話し合い（コーチング）の時間を持ったか。			
業務のシステム化を推進したか。			
小計			
チーフ	自己評価	上司評価	備考
会社の成長のために、魅力的な提案・評価・意思決定ができたか。			
組織のモチベーションアップに効果的に取り組んだか。			
会社をまとめるために、積極的に部門間のコミュニケーションをとったか。			

（4）アルマック・メンバー・ベイシックス

	評価	計算方法
環境整備（総務が記入）		【わくわくお掃除通信簿の平均点】÷0.9
勤怠（総務が記入）		無遅刻無欠席：10点　欠席日数3日未満：8点　3日以上7日未満：5点　7日以上：0点
		（注）遅刻早退は0.5日換算
I-Power		毎回2個以上記入：10点　1回さぼり：8点　2回さぼり：5点　3回以上さぼり：0点
合計（4）		

（5）自己PR（当初の目標以外に達成したこと）

内容	自己評価	上司評価
合計（5）		

（6）アントレプレナーシップ（独立事業案を選択した人のみ）

事業内容	創出したキャッシュフロー	備考
合計（6）		

（注）別途資料添付のこと

Step4：賞与額算定（ウエイトとポイント単価は暫定）

	評価①	ウエイト②	業績ポイント（①×②）
(1) 日常業務の目標達成度		4	
(2) プロジェクト業務の目標達成度		10	
(3) 役割・責任の達成度		4	
(4) アルマック・メンバーベイシックス		1	
(5) 自己PR			
業績ポイント合計③			
ポイント単価④			300
業績ボーナス⑤（③×④）			

(6) アントレプレナーシップ　創出したキャッシュフロー⑥	
掛け率⑦	20%
創出ボーナス⑧（⑥×⑦）	
総支給ボーナス⑨（⑤+⑧）	

（注1）業績ポイントは四捨五入

（注2）(3) 役割・責任の達成度のウエイト②及びポイント単価④は職責ごとに以下のように定める。

職責	ウエイト	ポイント単価
メンバー	4	300
マネジャー	1.6	450
チーフ	1	600

評価基準

点数	目安
10	今すぐランクアップ!!
9	ランクアップまであと一歩
8	目玉が飛び出るくらい素晴らしかった
7	期待を大きく上回った
6	期待していたよりは良かった
5	期待通り
4	期待していたほどではなかった
3	期待を大きく下回った
2	見るに耐えないひどい有様だった
1	ランクダウンすれすれ
0	今すぐランクダウン!!

上記目標に対するコミットメント：

私は、以上の目標設定を自ら行いました。上記目標については、会社からやらされているわけではなく、自分の意思で決めました。自分はこの目標を達成することを選択することもできるし、選択しない自由もあります。

私は、十分考えたうえで、上記目標を達成することは自分の人生にとって重大な意味があることを自覚しましたので、上記目標を達成することを選択します。この目標については、自分の成長のために実現するようがんばります。

そして、自分の目標達成のためだけではなく、ほかのチームメンバーの目標を実現するためにも、お互いを信頼し、協力し合うことをここに宣言します

日付：2003年4月10日

本人署名：○○○○

私達も、上記目標実現のために、お互い信頼し、そして協力することを誓います。

上司署名：○○○○

神田昌典（かんだ　まさのり）

経営コンサルタント・作家。日本最大級の読書会『リード・フォー・アクション』発起人。

上智大学外国語学部卒。ニューヨーク大学経済学修士、ペンシルバニア大学ウォートンスクール経営学修士。大学3年次に外交官試験合格、4年次より外務省経済部に勤務。戦略コンサルティング会社、米国家電メーカーの日本代表として活躍後、1998年、経営コンサルタントとして独立。コンサルティング業界を革新した顧客獲得実践会を創設（現在は「次世代ビジネス実践会」へと発展）。同会は、延べ2万人におよぶ経営者・起業家を指導する最大規模の経営者組織に発展、急成長企業の経営者、ベストセラー作家などを多数輩出した。

1998年に作家デビュー。分かりやすい切り口、語りかける文体で、従来のビジネス書の読者層を拡大し、実用書ブームを切り開いたため、出版界では「ビフォー神田昌典」「アフター神田昌典」と言われることも。

『GQ JAPAN』（2007年11月号）では、“日本のトップマーケター”に選出。

2012年、アマゾン年間ビジネス書売上ランキング第1位。

現在、ビジネス分野のみならず、教育界でも精力的な活動を行っている。また、株式会社ALMACREATIONS代表取締役、公益財団法人・日本生涯教育協議会の理事を務める。

著書に『全脳思考』（ダイヤモンド社）、『成功者の告白』（講談社）、『2022―これから10年、活躍できる人の条件』（PHPビジネス新書）、『あなたの会社が90日で儲かる！』『非常識な成功法則【新装版】』『口コミ伝染病』『不変のマーケティング』『禁断のセールスコピーライティング』（以上、フォレスト出版）など多数。

◆神田昌典公式サイト　http://www.kandamasanori.com/

神話のマネジメント

2014年7月20日　初版発行
2014年7月31日　3刷発行

著　者　神田昌典
発行者　太田　宏
発行所　フォレスト出版株式会社
〒162-0824 東京都新宿区揚場町2-18　白宝ビル5F
電話　03-5229-5750（営業）
03-5229-5757（編集）
URL　http://www.forestpub.co.jp

印刷・製本　日経印刷株式会社

ISBN978-4-89451-626-7　Printed in Japan